ANAïS PATRY

Suivez-moi !

Édition : Jennifer Tremblay et Joëlle Sévigny
Design graphique : Christine Hébert
Infographie : Chantal Landry
Révision : Brigitte Lépine
Correction : Brigitte Lépine et Odile Dallaserra
Traitement des images : Mélanie Sabourin
Photos : Valérie Gay-Bessette

Toutes les photos sont de Valérie Gay-Bessette
sauf celles-ci qui sont de Emma Verde ou qui
proviennent de sa collection personnelle :
p. 12, 14, 15, 20 (hg) 26, 27, 36, 45 (hg, hd, bd),
46, 67, 69, 72, 75, 79, 80 (hd), 81, 99, 119 (bg),
132 (hg, hd, b), 153 (cg, bd), 161, 167,
175 (hg, hc, hd, bg), 177 (hg), 186 (cg), 191, 196,
197 (bg), 213 (hg, bd), 215 (cg), 217 (hg, cg) 219.

Toutes les illustrations sont de Emma Verde
sauf celles-ci qui sont de Laurence Fréchette :
p. 178, 179, 180, 181 182, 183, 185, 187.

Nous tenons à remercier :

Le péché glacé
1843, avenue Mont-Royal E.,
Montréal

La Diperie
68, avenue des Pins,
Montréal

Catalogage avant publication de Bibliothèque et Archives
nationales du Québec et Bibliothèque et Archives Canada

Verde, Emma

Suivez-moi!

ISBN 978-2-7619-4717-6

1. Verde, Emma. 2. Verde, Emma - Blogues. 3. Youtube
(Ressource électronique). 4. Blogues - Québec (Province).
5. Célébrités - Québec (Province) - Biographies. I. Titre.

TK5105.8868.Y68V47 2016   070.5'79734092
C2016-941607-0

10-16

Imprimé au Canada

Dépôt légal : 2016
Bibliothèque et Archives nationales du Québec

ISBN 978-2-7619-4717-6

DISTRIBUTEURS EXCLUSIFS :

Pour le Canada et les États-Unis :
MESSAGERIES ADP inc.*
Téléphone : 450-640-1237
Internet : www.messageries-adp.com
* filiale du Groupe Sogides inc.,
   filiale de Québecor Média inc.

Pour la France et les autres pays :
INTERFORUM editis
Téléphone : 33 (0) 1 49 59 11 56/91
Service commandes France Métropolitaine
Téléphone : 33 (0) 2 38 32 71 00
Internet : www.interforum.fr
Service commandes Export – DOM-TOM
Internet : www.interforum.fr
Courriel : cdes-export@interforum.fr

Pour la Suisse :
INTERFORUM editis SUISSE
Téléphone : 41 (0) 26 460 80 60
Internet : www.interforumsuisse.ch
Courriel : office@interforumsuisse.ch
Distributeur : OLF S.A.
Commandes :
Téléphone : 41 (0) 26 467 53 33
Internet : www.olf.ch
Courriel : information@olf.ch

Pour la Belgique et le Luxembourg :
INTERFORUM BENELUX S.A.
Téléphone : 32 (0) 10 42 03 20
Internet : www.interforum.be
Courriel : info@interforum.be

Gouvernement du Québec – Programme de crédit
d'impôt pour l'édition de livres – Gestion SODEC –
www.sodec.gouv.qc.ca

L'Éditeur bénéficie du soutien de la Société
de développement des entreprises culturelles
du Québec pour son programme d'édition.

 Conseil des Arts   Canada Council
du Canada   for the Arts

Nous remercions le Conseil des Arts du Canada de
l'aide accordée à notre programme de publication.

Financé par le gouvernement du Canada | Canadä
Funded by the Government of Canada

Nous reconnaissons l'aide financière du
gouvernement du Canada par l'entremise du Fonds
du livre du Canada pour nos activités d'édition.

Suivez-moi !

par

Emma verde

LES ÉDITIONS DE L'HOMME

Une société de Québecor Média

TABLE DES MATIÈRES

HEY !

Si vous tenez ce livre entre vos mains parce que vous êtes dans une librairie, que vous venez de le recevoir par la poste, ou même parce que vous l'avez reçu en cadeau, c'est que… ça y est ! J'ai écrit un livre ! Moi et mon petit mur de briques roses (lol), on est probablement un peu partout dans les magasins. J'ai du mal à le réaliser. Je vais vous avouer une chose : publier un livre, c'est pas mal plus long que de tourner une vidéo pour ma chaîne YouTube. C'était tout un enchaînement d'étapes, de recherche d'idées, d'essais et erreurs, de séances photos et de rédaction de textes, sans parler des nuits blanches et du supplice de devoir garder ce projet secret… bref, un MÉGA défi pour moi.

Je le répète souvent, mais je vous remercie une fois de plus pour tout le soutien que vous m'apportez, pour tout l'♥ que vous me témoignez. Je me compte tellement chanceuse de pouvoir faire ce que j'aime au quotidien. Et c'est un peu (beaucoup !) grâce à vous, #EMMANATORS.

Ce livre, c'est un rassemblement de DIY, de moments *awkward*, de conseils déco et beauté, d'idées d'activités et d'une foule de photos, certaines très « Pinterest *style* », et d'autres un peu plus malaisantes ! J'y parle aussi de bonheur et de confiance en soi, de solitude, d'amitié, de mes essentiels mode et beauté et des YouTubeurs que j'admire. C'est un concentré de tout ce que j'aime, un compte rendu de ma manière de voir la vie et de faire les choses. Ma chaîne YouTube… mais sur papier !

Je suis SI fière du résultat, j'espère que vous l'aimerez autant que moi !

Bonne lecture :)

MES
DÉBUTS

SUR

YOUTUBE

AVANT DE COMMENCER CE CHAPITRE, J'AI UNE CONFESSION À VOUS FAIRE :
si quelqu'un m'avait prédit, il y a trois ans, que plus de 400 000 personnes trouveraient mes vidéos le moindrement intéressantes, je lui aurais sans doute ri en pleine face ! Même si du plus loin que je peux me souvenir, j'ai toujours ADORÉ être devant la caméra (voir la *cutie*, photos ci-dessous), je ne me serais JAMAIS imaginé bâtir une si grande communauté qui m'écoute parler... sans me trouver fatigante après 2 min 30 (lol). Vous êtes toujours là, chaque dimanche matin... et c'est très *cool*. Hehe ! ☺

Peut-être que vous rêvez de créer votre propre chaîne YouTube ? Ce premier chapitre raconte mes débuts sur Internet. Je partage avec vous mes inspirations, je vous parle des défis que j'ai rencontrés, des critiques et des messages touchants qui me poussent à m'améliorer. Je vous dévoile ce qui me motive à continuer, jour après jour, en espérant que ces conseils et anecdotes sur mon parcours vont vous inspirer... et vous éviter certains faux pas !

• • • • • •

7 YOUTUBEUSES QUE J'AIME !

★ ALEXANDRA LAROUCHE ★ CYNTHIA DULUDE ★
LILLY SINGH ★ BETHANY MOTA ★ EVA GUTOWSKI
★ INGRID NILSEN ★ MICHELLE PHAN ★

POURQUOI JE LES AIME AUTANT ?

Ce sont toutes des filles qui m'inspirent dans la vie de tous les jours. Je les trouve intelligentes et fortes. Elles ont de belles valeurs et parlent de sujets qui me tiennent à cœur. Si vous ne les connaissez pas déjà, je vous encourage fortement à vous abonner à leur chaîne. *Girl crush* garanti !

MES PREMIERS TOURNAGES

Ma toute première vidéo, je l'ai filmée à la fin de mon secondaire V, juste avant mon bal de finissants. Comme je ne voulais pas que les gens de mon école tombent dessus, j'ai attendu d'avoir fini le secondaire pour la mettre en ligne. Avec le recul, je pense que j'aurais dû la mettre tout de suite.

Plusieurs années après, je me rends compte que l'avis des autres... c'était pas si important ! Par contre, cela n'empêche pas qu'en regardant cette vidéo maintenant, je me dis que j'aurais probablement quelques bons conseils à donner à « l'apprentie YouTubeuse » que j'étais... Je tournais dans ma chambre en désordre, avec des cadres tout croches et des vêtements sales qui traînaient partout. Mon décor ne faisait pas très Pinterest... mais de toute façon, ça ne se voyait presque pas parce

« ... JE ME RENDS COMPTE QUE L'AVIS DES AUTRES... C'ÉTAIT PAS SI IMPORTANT ! »

que j'étais tellement près de la caméra que tout ce qu'on voyait, c'était ma tête en gros plan. Je voulais qu'on puisse entendre ma voix dans la vidéo sans que mes parents m'entendent, car ils ne savaient pas ce que je préparais. Je me disais qu'ils trouveraient ça inutile et, effectivement, ils n'ont pas trop compris le sérieux de la chose quand j'ai fini par leur avouer, quelques semaines plus tard, que je tournais des vidéos pour les mettre sur YouTube ! Je les comprends de ne pas avoir trouvé ça très pertinent. J'avais l'air un peu bizarre. Oups. #TypicalEmma

Dans cette première vidéo « officielle », j'avais l'air super stressée... et je l'étais ! Je voulais faire une vidéo pour annoncer que j'allais commencer ma chaîne YouTube. Ça n'a pas servi à grand-chose, il y a eu deux ou trois vues, haha ! Il faut bien commencer quelque part, *tsé* !

J'ai tourné mes premières vidéos alors que j'étais amenée de force en vacances en Gaspésie par mes parents. Je n'avais pas DU TOUT envie d'être là... et je n'avais pas grand-chose à faire. Malgré ma lamentable première vidéo (et mes trois *dislikes* sur You Tube !), j'ai décidé de ressortir ma caméra. Je filmais la plage, la mer et les paysages. J'avais emprunté l'ordinateur de ma mère (merci, *mommy*) pour faire un montage avec une petite musique. C'était TRÈS quétaine et pourtant, j'étais SI fière de moi.

J'ai continué à mettre des vidéos en ligne de temps en temps. En fait, je crois que c'était ça le plus difficile ! Quand on regarde nos YouTubeurs préférés, on est habitué de voir des gros chiffres, mais ces YouTubeurs ont travaillé fort pour en arriver là ! Il y a beaucoup de travail derrière une chaîne YouTube, peu importent les sujets. La préparation, l'écriture, le *brainstorming*, penser aux décors et aux sujets, faire le montage... bref, c'est une vraie job ! Et même avec tous ces efforts, les gens découvrent votre chaîne un par un et c'est vrai que ça peut être décourageant !

Mon meilleur conseil, c'est de faire du contenu que vous aimez créer et qui vous passionne. Tourner des vidéos, c'est long. Mais quand on aime les faire, c'est même pas du travail ! #lovemyjob ☺

COMPOSER AVEC LA CRITIQUE ET LES COMPLIMENTS

Si on me donnait un dollar chaque fois que quelqu'un m'insulte dans les commentaires de mes vidéos, je pourrais faire le tour du monde ! Les gens s'en permettent beaucoup plus sur Internet que sur la rue ou à l'épicerie ! À partir du moment où l'on décide de s'exposer et de s'exprimer en public, il faut s'attendre à recevoir des critiques négatives, c'est inévitable. Même si on ne s'y habitue jamais vraiment, on apprend à passer par-dessus.

La méchanceté gratuite est très présente sur les réseaux sociaux. Entre YouTubeurs, je suis certaine qu'on est d'accord pour se dire qu'on préfère en rire qu'en pleurer. En parlant avec beaucoup d'entre eux, j'ai remarqué qu'on a tous notre type « d'attaques » qui revient dans les commentaires. Certains se font reprocher leur accent ou leurs manières, d'autres se font critiquer par rapport à leur apparence physique. Personnellement, j'ai reçu des commentaires sur des aspects de ma physionomie sur lesquels je ne m'étais jamais attardée, qui ne m'avaient jamais vraiment préoccupée. « Est-ce que tu as grossi ? » « Ark, tu as des boutons ! » « Tes dents sont bizarres ! » Bref, pas *cool* ! C'est très facile de tomber dans le piège et de développer des complexes, c'est exactement ce que je faisais au début. Il faut savoir faire la part des choses et reconnaître la méchanceté gratuite, celle qui n'apporte rien de positif. Que ce soit bien clair : je n'ai rien contre le fait de me remettre en question dans le but de m'améliorer. Les commentaires constructifs sont très importants et sont à prendre en considération. Mais les commentaires méchants... on oublie ! ;)

L'avantage avec YouTube, c'est qu'on est vrai-ment proche de ses abonnés. Vous me connais-sez bien, il n'y a pas grand-chose que vous ne savez pas de ma vie. M'écrire que vous me voyez comme une amie, comme une sœur, c'est probablement LE truc le plus *cute* que vous puissiez me dire. Vous m'écrivez aussi que ma bonne humeur est contagieuse, que je souris tout le temps, que j'ai l'air sympathique. Ça me fait un bien fou ! Ça compense pour les com-mentaires méchants ! Juste le fait que vous preniez le temps de commenter mon travail, de cliquer « j'aime » sous mes vidéos ou mes pho-tos, de vous abonner à ma chaîne, ça montre que vous êtes au rendez-vous. Ça me motive à continuer.

♥ internet ♥

♥ youtube ♥

VOS MESSAGES
(TROP !)
TOUCHANTS

« C'est trop vrai ! J'ai beaucoup ri,
surtout au moment où tu dis
"Tes amis sont partis faire le tour
du monde, et toi t'es chez toi, comme
une patate en pyjama avec
ton chat" 😊 😊 💕 je me suis
trop reconnue 😊 »

Loulou

« Howw
j'adore le moment où tu as
Mitaine dans les bras avec la petite
musique !!! �’ 😻 🖤 »

Coralie

« T'es trop belle, j'adore ton accent
mdrrr 🖤 🖤 »

Margaux

« J'ai adoré cette vidéo elle m'a fait
vraiment beaucoup rire!! plein de
bisous à Mitmit et un peu à toi
(lol 😬 😬 😄) bisousss 🖤 🖤 🖤 🖤 »

Léa

« T'es trop belle et tu me fais
trop rire 😊 »

Lizou

« C'était
trop bien. J'adore ton chat,
il est trop beau. 🐱 🤍 💕 💕 💕 💕 »

Mimi

« ROOOOOOOOOO
LE PTIT MINOUUUUUUUUU
OOOOO 😱 😱 »

Emilie

Chère Emma, tu es une grande inspiration pour moi et un beau modèl à suivre. J'adore tes vidéos et ton SUPER TUMBLR background. J'aime beaucoup ton instagram parce que tes photos sont dignes des blogs populaires sur tumblr. Tu m'as toujours très bien conseillé et transmi ta bonne humeur au fil de tes vidéos! Je ne pourrais jamais assez te remercier pour tous tes précieux conseils. S'il te plaît recommence à vlogger & fait plus de meet-up car j'ai pleins d'amies qui voudrait aussi te rencontrer. P.-S. J'adore mitaine ♥

Salut Emma ! C'est Frédérique l'une de tes plus grandes fans! ♥

Je souhaite de te rancontrer. Je n'ai pas été choisi pour le concour. Ça fait près d'un an que j'écoute tes vidéo et depuis je les regarde toutes et je les regards encore et encore. Tu as l'aire super gentille avec tes fans en plus tu es super belle et tu es tellement drôle je t'admire beaucoup! Tu es mon idole. Tes vidéos sont vraiment bonnes et drôles, continue comme sa tu es la meilleure. (ps: j'ai 13ans)

-Je t'aime- Frédérique ♥
-xoxo-

... Août 2015 une date inoubliable

EMMA VERDE
LA
MEILLEURE
YOUTUBEUSE

Salut Emma ♥

Merci de faire des vidéos qui nous redonne le sourire et nous font rire lorsque tout va mal. Tu es une source d'inspiration, un modèle pour nous! On est vraiment contente de te rencontrer aujourd'hui. Nous écoutons peut-être pas tes vidéos depuis le début mais quand nous avons commencées à les écouter, on s'est tout de suite attacher à toi et à mitaine. ♥ Depuis, tout ce temps, tu nous a beaucoup appris et aidée dans la vie. Tes vidéos sont très dynamiques et "helpfull".

N'arrête jamais tes vidéos!!!
Merci pour tout.
Nous t'aimons fort ♥

Catherine Favreau ♥
Amy Degrace ♥

#EMMANATOR

Emma!...

la meilleure youtubeuse !!!

Salut Emma, tu es ma youtubeuse pref et ça fait super longtemps que je rêve de te voir. Quand j'ai commencé à lire le texte sous ta photo instagram je me suis dit que le meet up allait être un samedi ou dimanche à Montréal (si c'était le cas je n'aurais pas pu y allé). Quand j'ai lu que ça allait être à la ronde la journée de ma sortie scolaire, mon cœur a commencé à battre vite et j'étais super contente. Tes vidéos sont tellement parfait. Tu es si pétillante et tu transmets ta bonne humeur à ceux qui regarde tes vidéos.

Je t'aime beaucoup.

Marie-florence

Merci pour le polaroid ♡

Salut Emma. On voulait juste te dire que tu es une youtubeuse inspirante, belle et talentueuse. Quand on passe une mauvaise journée on regarde une de tes vidéos et ça nous fait tout le temps sourire. Merci pour le polaroid, merci pour le meet-up, merci d'être aussi unique et adorable ! Bravo pour tous tes accomplissements. Continue comme ça! On t'aime beaucoup ♡ Passe une journée aussi extraordinaire que tu l'es!
Marie et Salomé XXX

À: Emma Verde
De: Marie et Salomé ♥

Omg, Emma, enfin un meetup au quel je peux allé. J'attendais ce moment depuis tellement longtemps de pouvoir te rencontrer, pouvoir parler en vrai avec toi et prendre des photo avec toi. Cette lettre est simplement pour te dire que tu est ma youtubeuse préféré et que je regarde toute tes vidéos a chaque fois et que je t'admir beaucoup. Tu est trop trop trop trop trop trop trop Belle.

Maïka

Emma Verde

"wee Bunches" £ 8.50

Pour une fille VRAIMENT {inspirente}

ma chère emma ça fesait vraiment longtemps que je voulait te rencontrer et c'est enfin arrivé !!! je suis vraiment contente de te rencontrer car pour moi, tu est un très grand modèle d'inspiration et en partageant ta joie de vivre tu met du bonheur dans ma vie. je t'aime beaucoup continue les vidéos avec m!! !!! Marissa

vraiment drôle !!!

et qui sais comment sa...!!!

et on se donne 100% pour chacune de ses vidéos

Instagram Ori

HORAIRE D'UNE JOURNÉE DANS MA VIE

 # 1

 # 2

Je me lève !
(ok... peut-être pas toujours à 8 heures ☺)

Je déjeune
(des Lucky Charms... hehe !)

 # 8

 # 7

 # 9

Pause repas dehors

Je cherche des idées de vidéos

Je filme ! ☺

3

3

4

Je me prépare!
douche, maquillage, outfit,
je me sens comme une
nouvelle personne!

J'avais oublié de
de me brosser
les dents... lol.

6

5

5

Câlin avec Mit ♡

DÎNER!!!
miam ¨

10

11

NETFLIX dans
mon pyjama!! ♡

Je travaille
à l'ordi

COMMENT LANCER UNE CHAÎNE YOUTUBE

MATÉRIEL DE BASE

Ce n'est pas nécessaire d'avoir du matériel EXTRA professionnel, surtout pour le début de votre chaîne. On peut TELLEMENT commencer avec du matériel de base et s'en acheter du plus cher par la suite ! (C'est ce que j'ai fait.) Aussi, ça va vous permettre de voir si vous aimez vraiment ça, un genre de « test » pour découvrir si la job de YouTubeur est faite pour vous ! ;)

- **UNE CAMÉRA HD** avec un écran qui se retourne pour pouvoir se regarder pendant le tournage. On peut ainsi s'assurer d'avoir le bon cadrage et le bon focus… et vérifier si on a du rouge à lèvres sur les dents ! L'histoire de ma vie…

- **UN TRÉPIED POUR TENIR LA CAMÉRA.** Ça ne coûte pas très cher et ça permet de donner n'importe quel angle à la caméra. Au début, je n'avais pas de trépied alors j'utilisais un peu n'importe quoi… livre, boîte de mouchoirs qui traîne dans ma chambre… ne faites pas ça ! C'est dangereux pour la caméra ! Haha !

◎ **UN ORDINATEUR** pour regarder toutes les belles images que vous avez filmées !

◎ **UN LOGICIEL DE MONTAGE…** Pour faire du montage évidemment.

MATÉRIEL BONUS

À partir du moment où l'on décide de s'investir plus sérieusement dans sa chaîne YouTube, on est tenté d'acheter du matériel de meilleure qualité. Voici le matériel que j'ai acquis avec le temps :

⭐ **UN PROJECTEUR** pour un bel éclairage. Vous pouvez aussi utiliser la lumière naturelle en vous plaçant devant une fenêtre, mais l'avantage de travailler avec un projecteur, c'est qu'on peut filmer en tout temps, même les journées grises et le soir !

⭐ **UN LOGICIEL DE MONTAGE PROFESSIONNEL,** parce qu'il propose beaucoup plus de fonctions. Ça coûte plutôt cher, mais le résultat est beaucoup plus *cute*.

⭐ **UNE NOUVELLE LENTILLE POUR LA CAMÉRA !** N'hésitez pas à demander conseil en magasin, moi c'est ce que je fais. Je suis sûre qu'ils me trouvent fatigante chaque fois tellement je pose de questions, mais ça en vaut la peine !

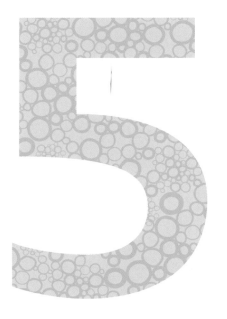

CHOSES À SAVOIR (ABSOLUMENT !) AVANT DE DÉMARRER UNE CHAÎNE

1

TOUS LES SUJETS PEUVENT ÊTRE INTÉRESSANTS...
Parlez de quelque chose qui vous passionne !

2

LE TITRE DE VOTRE CHAÎNE EST IMPORTANT.
Vous allez le garder longtemps donc il faut que vous l'aimiez encore
dans quelques années. Si vous n'avez pas d'idée, écrivez simplement
votre nom, surnom ou quelque chose de similaire. Je suis vraiment
contente d'avoir nommé ma chaîne par mon nom, car il n'y a rien
qui me représente plus que ça !

3

PRÉPAREZ-VOUS À MANQUER DE SOMMEIL ! ;)
C'est souvent plus de travail qu'on pense.

4

REGARDEZ LES VIDÉOS DES AUTRES YOUTUBEURS.
Likez leurs vidéos, suivez leurs comptes Instagram...
devenez leurs amis ! Vous avez la même passion et vous avez
probablement plein de conseils à échanger.

5

IL FAUT AUSSI PUBLIER DES VIDÉOS RÉGULIÈREMENT.
Mais évidemment, c'est selon votre horaire à vous,
et ce que vous avez le temps de faire !

DE LA
FRANCE

AU

QUÉBEC

NOËL 2007

J'ai passé toute mon enfance en France. En Bretagne pour être précise ! À cette époque, j'étais loin de me douter que je deviendrais Québécoise un jour. En fait, je pense que je n'avais jamais vraiment entendu parler du Québec avant Noël 2007. Je me souviens encore de la « mini-moi » assise devant une carte du monde pour montrer à mes amis d'école le trajet qu'on effectuerait au-dessus de l'Atlantique, de la France au Québec.

Mes parents planifiaient déjà notre déménagement au Québec depuis un certain temps, mais ma petite sœur et moi, on ignorait tout de leur projet ! Je ne sais pas trop pourquoi ils ont choisi le temps des fêtes pour nous annoncer que nous irions bientôt refaire notre vie dans un autre pays. Ils pensaient peut-être qu'on sauterait de joie ? Mais ça ne s'est pas tout à fait passé comme ça... Mon père a offert à ma mère un livre sur le Canada avec de super belles images de paysages. Ils en ont profité pour nous annoncer la grande nouvelle. Sur le coup, j'ai vraiment mal réagi. Ma sœur, elle, était trop jeune pour se rendre compte de ce qui se passait. Moi, je suis allée m'enfermer dans ma chambre en claquant la porte pour qu'ils comprennent que j'étais fâchée. Dans les jours et les semaines qui ont suivi, j'ai noirci les pages de mon journal intime en me défoulant contre mes parents et en chialant contre le nom de la ville où on allait emménager. À mes oreilles, Sherbrooke sonnait comme « cher-quelque-chose » (si ce « cher Brooke » avait été une personne, je l'aurais détestée avant même de la connaître !).

· · · · · ·

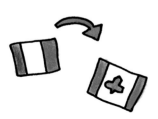

1:00 de l'aprème.

Mardi 10 juillet 2007. Dans le train pour Paris.

Ça y est, mes parents sont arrivés avec toutes les valises. On est allés à ~~la gare~~ la gare, on a pris un train après on en a pris un autre (celui ou je suis) qui va à Paris.

Mercredi 11 juillet 2007. dans l'avion. 1:37.

Eh oui ! dans l'avion que je suis, je viens d'écrire à Naïde. Je ne vous raconte pas tous ce qui c'est passé jusque ici ! (enfin, façon de parler puisque je vais vous le raconter) Hier après être sortie du train on est arrivé à la gare de Paris, déjà rien que ça, c'était merveilleux mais je me suis promis de ne jamais habiter à Paris, c'est la galère il y a plein d'enboutaillage. Après être sorti de la garlère (c'est un mot que j'ai inventé: gare+galère = garlère) parisienne on était super fatigué et il y a eu un problème avec l'hôtel : Mon père avait réservé la chambre mais il y avait déjà quelqu'un dedans, mes parents ont quêté au téléphonne un par un. J'imagine que c'était le patron à l'autre bout du fil puisque quand mon père a rendu le téléphonne au gars il a dit "alors patron, l'affaire est réglée?" l'autre a dû répondre "Non?" Après je ne sais pas ce que c'est

passé je commençais à m'endormir, on avait tous nos bagages sur le dos et il était déjà tard, puis le monsieur nous a dit de aller à la chambre 404. On y est donc aller mais quand on est ~~e~~ entré dans la chambre il y avait des vêtement par terre dont un énorme soutif rose, heureusement que la personne n'étais, ça aurait franchement été ~~vexan~~ vexant pour elle si elle était pas par exemple en train de se changer. Mon père est vraiment ~~énerve~~ énervé. On a enfin trouvé une chambre après avoir longtemps attendu sauf que Paola a dormi par terre, la raison: Mon père a dit au patron que Paola avait 4 ans et qu' elle était très fatigué. Très fatigué c'est vrai mais elle a 5 ans. Alors le patron a dit que comme dans notre chambre il y avait pas assez de ~~places~~ lits, Paola allait dormir dans un lit de bébé, papa a essayé de monter le lit: il était cassé, alors elle a dormi par terre. Et le lendemain:

L'aéroport

Vendredi 13 juillet 2007. 8:48 du matin

Ça y est, on est dans notre chalet, on est arrivé avant hier soir très tard on était super fatigués tout le monde s'endormaient excepté papa qui conduisait. hier c'était bien sauf que j'ai l'impression que je ne suispas prête d'avoir des copines que ce que je raconte? On a pas des copines dès le premier jour !!! Le directeur des chalets est très gentil et sa femme aussi. ils sont venu hier soir nous souhaiter la bienvenue.

Apart qu'ils ont un accent et que je ne comprend rien de ce qu'ils me disent, il sont très gentil avec moi. Le Mr s'appelle Jean-Sébastien et sa femme, Osianne. J-S m'a présenté une fille de mon age qui est minuscule et que je suis plus son nom. On a parlé 1 min et elle est parti. Mon père m'a dit qu'elle ne cherchait pendant que j'étais dans le chalet. Ah, mon père m'appelle parce que on doit aller faire des papiers.

Vendredi 13 juillet 2007. 14:23 de l'après midi

On est allés faire les papiers chez le notaire et à la banque voir la conseillère financière c'était vraiment ennuyeux. Ma mère m'a promis de faire des choses plus interessantes, on va aller "magasiner" (faire du shopping). Il y a plein de mot qui change mais en même temps c'est logique: magasiner → magasin.

ÉTÉ 2008

Comme notre départ était prévu pour l'été, j'ai eu quelques mois pour me remettre de mes émotions. Le moment venu, je m'étais déjà fait à l'idée. J'avais effectué beaucoup de recherches (en cachette) sur le Canada. Après quelques images trouvées sur Google, je m'attendais à croiser des caribous un peu partout et à vivre dans un igloo… On a beaucoup ri de moi à cause de ça.

On a passé l'été en famille à s'installer dans notre nouvelle maison et à explorer notre ville d'adoption. À la rentrée, je n'avais aucun ami à retrouver, je ne connaissais PERSONNE. J'étais vraiment stressée de découvrir l'école où je terminerais mon primaire. Comme j'arrivais en sixième année, je me disais que ce ne serait pas facile de m'intégrer puisque les groupes d'amis seraient déjà formés. J'ai été agréablement surprise que les autres élèves m'accueillent aussi bien. Ils trouvaient mon accent étrange et me posaient plein de questions, mais ce n'était pas de la méchanceté, juste de la curiosité.

1

EXPLOREZ VOTRE NOUVELLE VILLE.

Promenez-vous dans les rues, les parcs, les magasins. Se créer des repères est la meilleure façon de reprendre un certain contrôle sur sa vie et de développer un sentiment d'appartenance avec son nouvel environnement.

2

N'HÉSITEZ PAS À POSER DES QUESTIONS

et à raconter d'où vous venez aux gens que vous croisez durant votre exploration. Vous pouvez leur demander quelles sont les activités à faire dans la région selon ce que vous aimez.

CONSEILS À SUIVRE SI VOUS DÉMÉNAGEZ UN JOUR

3

GARDEZ L'ESPRIT OUVERT.

Mettez votre gêne de côté et essayez de parler à tout le monde, même à ceux qui ne correspondent pas nécessairement à votre genre de fréquentations habituelles. Vous pourriez être surpris ! Quand on est nouveau, il faut aller au-devant des gens, forcer un peu les choses pour se faire des amis. S'il y en a avec qui ça clique, pourquoi ne pas leur proposer une activité ?

4

RESTEZ VOUS-MÊME.

N'essayez pas de devenir quelqu'un d'autre pour impressionner les gens. Vous ne pourrez pas faire semblant très longtemps ! Vaut mieux être apprécié pour qui on est vraiment.

JE SUIS FRANÇAISE PARCE QUE...

tour Eiffel

J'ai gardé mon accent pour certains mots que je n'arrive tout simplement pas à prononcer à la québécoise. Exemple : le chiffre « un » qui sonne comme « hein » dans ma bouche !

Je mange (sans grimacer) des fromages qui sentent les petits pieds.

Je suis vraiment gourmande. J'adore les pâtisseries et les macarons. Il me semble que mon *feed* Instagram serait tellement plus beau avec des photos de jolis lattés ! #PensezInstagramable

JE SUIS QUÉBÉCOISE PARCE QUE...

Je suis capable de survivre à -30 °C.

J'ai réussi à aimer la poutine. Au début, je trouvais ça dégueulasse, maintenant J'ADORE !

J'ai tendance à engager la conversation partout et avec n'importe qui ! Que ce soit dans la file pour prendre l'autobus ou dans les toilettes publiques, je finis toujours par parler aux gens qui m'entourent.

PREMIÈRES FOIS

SI VOUS ME CONNAISSEZ DANS LA VIE DE TOUS LES JOURS,

vous savez que je suis une personne SUPER anxieuse. Ce n'est pas quelque chose qui se voit dans mes vidéos, parce que je suis souriante, j'aime rire, faire des blagues et je suis sympathique (ou en tout cas, c'est ce que vous me dites dans les commentaires, haha !). MAIS ça ne change rien au fait que je suis très stressée, et souvent pour trois fois rien. Et s'il y a bien un truc qui m'angoisse, c'est de faire ou de vivre quelque chose pour la première fois. Quand on est jeune, il y a beaucoup de « premières fois ». On a l'impression que ça ne finira jamais. Au secondaire, il y a les premiers boutons, les premières amours, les premiers *partys*... mais ce n'est pas fini ! Quand on grandit, il y a le premier appart, la première peine d'amour, les premières grosses responsabilités. Quand j'étais plus petite, j'avais TELLEMENT hâte d'être « comme les grandes ». Sans vouloir être déprimante (il y a des bons côtés à vieillir quand même, haha !), mais ce n'est pas exactement comme je l'imaginais.

Ces temps-ci, j'apprends que ça ne sert à rien de trop anticiper, de se mettre de la pression inutilement pour des choses qu'on ne peut pas contrôler. Avec le recul, je me rends compte que j'aurais pu éviter bien des moments de stress si je ne m'étais pas mis autant de poids sur les épaules. On vit, on apprend, on fait des erreurs, et c'est OK ! Je consacre ici un chapitre entier à ces « premières fois » en espérant vous aider si vous aussi êtes du genre à vous inquiéter pour rien. Je suis passée au travers et j'en suis plus forte aujourd'hui. Et c'est ce qui vous arrivera aussi ! Même si j'ai parfois eu honte durant ces moments, maintenant j'en ris ! Si vous avez déjà vécu certaines de ces étapes importantes de la vie, peut-être vous reconnaîtrez-vous à travers mes péripéties. Vous pouvez partager ces expériences avec vos amis... ou leur faire lire ce livre !

• • • • • •

« J'AVAIS TELLEMENT HÂTE D'ÊTRE "COMME LES GRANDES". »

LA PREMIÈRE FOIS QUE JE ME SUIS SENTIE LAIDE

Confession qui va vous surprendre : au primaire, j'étais plutôt du genre garçon manqué. Je ne me regardais jamais dans le miroir avant de partir pour l'école. J'accordais très peu d'importance à mon apparence. Je jouais au soccer, j'étais très sportive et loin d'être aussi *girly* qu'aujourd'hui. Je n'aimais pas particulièrement le rose, je n'étais pas attirée par le maquillage ou les robes de princesse. #FriesBeforeGuys

Ça ne s'est pas fait du jour au lendemain, mais vers mes 14-15 ans, j'ai commencé à être très préoccupée par mon physique. Je ne sais pas exactement ce qui a provoqué ce changement. J'aurais préféré continuer à vivre dans ma salopette en jouant au soccer, mais ça ne s'est pas passé comme ça. J'ai commencé à me comparer aux autres filles. J'avais des cours de natation et le fait de me retrouver en maillot de bain m'a confrontée au regard des autres. Non seulement je me demandais ce que les gars pensaient de mon corps, s'ils trouvaient mes amies plus belles que moi, mais j'enviais aussi celles qui étaient plus minces. J'étais un peu plus ronde que la moyenne et, en voyant les filles de ma classe en maillot, j'ai changé mes habitudes. Je me pesais tous les jours, je mangeais moins... Aujourd'hui, je pense qu'il y

a des choses bien plus importantes que l'apparence. Quand je rencontre mes abonnés, je les trouve intelligents et drôles, ils ont une tête sur les épaules. Évidemment, vous êtes TOUS et TOUTES beaux, mais vous êtes aussi bien plus que ça ! Personne ne devrait se sentir comme je me sentais à cette période, et pourtant, je sais que je n'étais pas la seule dans cette situation. Avec le temps, je comprends que se mettre autant de pression, c'est entrer dans un cercle vicieux. C'est un piège dangereux qui apporte bien plus de problèmes que de solutions. Ça ne sert à rien de se comparer, c'est bien plus satisfaisant d'être soi-même et d'apprendre à s'aimer tel que l'on est. Je sais, c'est plus facile à dire qu'à faire. On peut passer toute une vie à travailler sur la confiance en soi. Une chose est sûre : je n'ai plus envie de me sentir laide. Le début du secondaire est la période de ma vie où mon estime personnelle était à son plus bas. Je me suis promis que je n'aurais plus jamais à vivre ça.

MA PREMIÈRE JOURNÉE AU SECONDAIRE

La transition entre le primaire et le secondaire est une étape importante et… très stressante ! Toute notre routine change, ce n'est plus le même établissement, les mêmes amis, les mêmes profs. Assez angoissant, si vous voulez mon avis !

Dans mon cas, ça n'a vraiment pas été une partie de plaisir. Tous mes amis se sont retrouvés à l'école du quartier et je ne connaissais personne, ou presque, qui fréquenterait la même école secondaire que moi. Mes parents avaient décidé de m'inscrire dans un programme d'art et je ne comprenais pas vraiment pourquoi parce que je n'étais pas si douée que ça. Avec le recul, je suis contente qu'ils aient insisté pour m'inscrire dans ce programme particulier. J'ai vraiment aimé ça ! #DIYlife ;)

Ma toute première journée au secondaire s'est plutôt mal déroulée. J'avais passé tellement de temps à peaufiner mon *look* pour la rentrée que j'ai manqué l'autobus ! Mes parents ont dû me reconduire à l'école. Ils n'étaient pas contents et moi, j'étais super gênée. Je m'étais levée vraiment tôt et pourtant, ça ne m'a pas empêchée d'arriver en retard, les cheveux en bataille et les joues rouges. Si je voulais faire bonne impression, c'était raté. Mon arrivée tardive a été remarquée. Les groupes avaient déjà commencé à se former et je ne reconnaissais aucun visage dans la cour d'école, à l'exception de deux filles qui étaient avec moi au primaire, mais avec qui je n'avais jamais vraiment parlé.

$$2 + 2 = 4$$

Elles étaient dans la même situation que moi alors on a décidé de se tenir ensemble, par dépit. Le cauchemar s'est poursuivi dans les couloirs de cette école gigantesque tandis que je cherchais désespérément ma classe en m'agrippant à mon horaire de cours comme à une bouée de sauvetage. La cloche a sonné et j'ai fini par trouver ma classe. Je suis entrée dans le local, toute stressée, et me suis assise au premier rang pour ne pas déranger le cours, déjà commencé.

Non seulement l'école était un labyrinthe, mais les élèves de quatrième et cinquième secondaire avaient l'air tellement VIEUX ! C'était intimidant. Par chance, je pouvais retrouver les deux filles de mon école primaire entre les cours. Mais on s'est vite rendu compte qu'on n'avait pas grand-chose en commun, on s'est donc fait de nouveaux amis, chacune de notre côté.

À la fin de la journée, j'ai eu tellement peur de manquer le bus jaune que j'étais la première en file. Je pense que j'avais hâte de rentrer à la maison, haha !

Au début, l'école vous paraîtra immense, mais après un certain temps, vous en connaîtrez les moindres recoins. Je suis certaine que vous vous trouverez un peu stupide d'avoir été aussi stressé !

 **CONSEILS POUR BIEN S'INTÉGRER**

1
Essayez de ne pas arriver en retard... contrairement à moi ! ;)

2
Si l'occasion se présente, visitez votre nouvelle école avant la rentrée !

3
Observez vos camarades de classe avant le début des cours. Vous pourrez donc vous asseoir avec des gens qui semblent sympathiques !

4
Complimentez les autres élèves sur leur style vestimentaire ou leur coiffure, par exemple. C'est une bonne façon d'engager la discussion et de se faire des amis.

5
Ouvrez-vous aux autres, intéressez-vous à des gens différents.

MES PREMIERS PAS EN MAQUILLAGE

J'ai commencé à me maquiller dès le début du secondaire, lorsque j'ai commencé à être plus *girly*, comme je le disais plus haut. Avec le peu d'argent de poche que je gagnais en gardant des enfants, j'achetais des produits de mauvaise qualité, ce qui n'aidait vraiment pas mon acné ! Toutes mes payes de gardiennage y passaient. Il y a un moment de ma vie où j'ai pris véritablement conscience de mon apparence. Je suis devenue carrément obsédée par mon image !

Dès que je finissais de garder, je me rendais à la pharmacie pour acheter de nouveaux produits. Le tout premier que je me suis procuré, c'était un crayon noir que j'utilisais pour me faire une belle grosse ligne sous les yeux, style panda (n'essayez surtout pas ça à la maison, c'est très laid !). Pour ma défense, je dois dire que c'était à la mode à cette époque pas si lointaine.

Je dépensais aussi de façon excessive en produits pour le teint. J'en étalais une couche vraiment épaisse sur ma peau, comme si c'était de la peinture... C'est sans doute l'un de mes pires faux pas en matière de maquillage. Peut-être même l'un de mes plus grands regrets ? (*Na !* Il y a bien pire, dans la vie... mais je n'en suis pas fière pour autant, hi hi !)

Dans le fond, il y a des bons côtés. Avec mes amies, on rit aux larmes quand on retrouve des photos de cette époque ! Avec le recul, je me rends compte que :

1

Cet excès de fond de teint m'a donné encore plus de boutons.

2

Je ne choisissais même pas la bonne couleur.

J'allais à la pharmacie avec mes amies et je préférais me fier à leurs « précieux » conseils plutôt qu'à ceux de la cosméticienne même si, entre vous et moi, les recommandations de mes amies étaient aussi douteuses que celles que je leur faisais. On répétait toutes les mêmes erreurs, et c'est normal.

3

La cosméticienne devait me juger un peu (beaucoup) de refuser ses conseils et de payer mes produits en petite monnaie éparpillée sur le comptoir.

Autre erreur à ne pas commettre : s'endormir sans se démaquiller. Personnellement, je dépensais tout mon argent en maquillage, et il ne m'en restait plus pour acheter du démaquillant. Et de toute façon, je ne trouvais pas ça important. Mais, croyez-moi, il faut se garder de l'argent pour ça. C'est essentiel de se démaquiller avant d'aller se coucher. Ça permet à la peau de respirer et ça évite d'empirer les problèmes d'acné.

4

Aucun talent en maquillage + budget TRÈS limité = un désastre...

À ce moment-là, il n'y avait pas de Michelle Phan et de tutoriels pour m'enseigner à me maquiller. Maintenant, il existe plein de YouTubeuses spécialisées en beauté qui donnent de précieux conseils. Allez faire un tour sur YouTube !

MES PREMIERS BOUTONS

L'acné, c'est un peu comme un passage obligé de l'adolescence. Peut-être que vous allez avoir deux ou trois boutons, et peut-être aussi que ça va vous suivre pendant très longtemps. Comme tout le monde, je suis passée par là, je sais c'est quoi. Même aujourd'hui, j'en ai encore de temps en temps.

Je me souviens très bien de ces années où je tentais par tous les moyens possibles et imaginables de cacher mes boutons avec N'IMPORTE QUOI. J'essayais même de faire croire à ma mère que j'étais malade quand j'en avais un en plein milieu du front. Ça ne marchait jamais, elle voyait clair dans mon jeu ! J'allais à l'école en bus scolaire et mes amies y étaient déjà au moment où j'y grimpais le matin. Impossible de leur cacher quoi que ce soit. Dès qu'elles voyaient mon bouton, elles lui donnaient un nom. Et je faisais pareil. George, Samantha, Brutus... On riait beaucoup quand ça arrivait aux autres, mais quand venait notre tour, on était pas mal moins fières. Il y a même eu un moment où j'ai eu énormément de boutons, bien plus que mes amies ! C'est gênant, ça déprime, ça fait mal, ça prend du temps à partir, on va se le dire franchement, il n'y a aucun bon côté à l'acné. Mais ça passe, promis ! ☺

Il y a une fin à tout.
PATIENCE !
Je sais à quel point ça peut vous affecter au quotidien et même vous enlever le goût d'aller à l'école, mais l'acné est seulement un mauvais moment à passer. Ne vous empêchez surtout pas de vivre à cause de ça ! COURAGE !

5 ERREURS À ÉVITER

1
ABUSER DES PRODUITS POUR LE VISAGE.
Il ne faut surtout pas acheter n'importe quoi. Certains parfums et ingrédients sont agressifs pour la peau. Vaut mieux garder ça simple en utilisant un savon doux et une crème hydratante (rien de plus, rien de moins).

2
CHANGER CONSTAMMENT DE PRODUITS.
J'avais tendance à essayer un produit une ou deux fois, puis à retourner à la pharmacie en acheter un nouveau si je voyais qu'il ne faisait pas effet. Il faut laisser agir. Les résultats mettent parfois un certain temps à se révéler. La peau doit s'y habituer.

3
TOUCHER SA PEAU ET MANIPULER SES BOUTONS...
surtout avec ses doigts sales ! Ça peut sembler évident comme conseil, mais quand on est obsédé par son acné comme je l'étais, on a tendance à vouloir percer ses boutons pour qu'ils disparaissent, alors que ça fait plutôt l'effet inverse. Un peu comme le dicton « Un de perdu, dix de retrouvés ». Rappelez-vous cette phrase la prochaine fois qu'il vous prendra l'envie de percer un bouton. ;)

4
CRAINDRE DE METTRE UN ÉCRAN SOLAIRE.
Contrairement à ce qu'on pourrait croire, s'exposer au soleil ne constitue pas une solution miracle pour assécher les boutons. Il existe des écrans solaires faits spécifiquement pour le visage. Ils sont moins gras et ne causent pas d'acné.

5
REFUSER L'AIDE D'UN DERMATOLOGUE OU LES CONSEILS D'UN PHARMACIEN.
Ces spécialistes en ont vu d'autres ! Ils sont très bien placés pour vous comprendre et vous conseiller.

MES PREMIÈRES RÈGLES

Ça m'est tombé dessus dès la première semaine du secondaire. La transition entre l'école primaire et le secondaire ne se faisait pas aussi facilement que je l'aurais espéré. J'étais perdue dans cet établissement immense et je n'avais pas beaucoup d'amis.

Je ne me sentais pas très bien depuis le début de la journée. J'étais stressée. J'avais mal au ventre, mais je croyais que c'était dû à la nervosité, je ne pensais pas du tout à ça, je ne m'y attendais pas. J'avais la nausée et, comme c'était urgent, on m'avait donné accès aux toilettes des profs où j'avais vomi pendant que mes nouvelles copines m'attendaient de l'autre côté de la porte. Elles étaient SUPER compréhensives. Elles patientaient pour s'assurer que j'allais bien. Toujours réfugiée dans les toilettes des profs, j'ai vu du sang dans ma petite culotte et j'ai enfin compris ce qui m'arrivait. Mais comme je n'avais pas prévu le coup, je n'avais rien sur moi. Ni serviette hygiénique ni tampon. De toute façon, je ne sais pas ce que j'en aurais fait parce que je ne savais même pas comment les utiliser ! Je me suis donc dirigée au secrétariat pour appeler ma mère et lui annoncer que j'étais « malade ». Ma mère a tout de suite compris mon allusion et elle est arrivée à l'école en quatrième vitesse. Je me souviendrai toujours de sa petite voiture verte qui se dirigeait à fond de train vers l'école ! Une vraie wondermaman ! Je l'attendais accroupie dans les marches et, contrairement à moi, ma mère était super contente de cette grande étape. Elle a tout de suite pris les choses en main en disant : « Je vais te montrer comment ça marche ! » Je la trouvais un peu trop enthousiaste, compte tenu de la situation, mais je l'ai suivie à la pharmacie parce que, bon, je n'avais pas vraiment d'autre choix. Elle

C'est hui!
avoir ses règles...

m'expliquait la différence entre les marques et les produits, je ne comprenais rien et honnêtement, j'avais juste envie d'être chez moi. Ce mur de boîtes roses et mauves me donnait encore plus envie de vomir! Ma mère n'arrêtait pas de parler, j'étais étourdie, mais il a bien fallu faire un choix. Elle a insisté pour que j'utilise des tampons, cette première fois. Je me suis rangée à sa décision. Je me revois encore dans les toilettes, en train d'essayer ces fameux tampons, et ma mère qui m'expliquait comment les utiliser, de l'autre côté de la porte. On en rit beaucoup quand on en reparle, mais sur le coup, je voulais juste aller me mettre en boule dans mon lit, haha!

Quand je parle de menstruations dans mes vidéos, je suis toujours étonnée par la réaction des gens. Je n'aurais jamais cru que ce sujet était aussi tabou, encore aujourd'hui. Je reçois des commentaires du genre: «Tu parles de ça? Tu n'as pas peur que les gars arrêtent de te suivre?» On ne devrait pas avoir honte d'en parler. La moitié de la planète doit affronter cette réalité tous les mois, alors je ne vois vraiment pas pourquoi on devrait être gênées d'aborder ce sujet. Je suis contente lorsque je vois des YouTubeuses parler des «vraies» choses. C'est rassurant de savoir qu'on peut se tourner vers elles pour nous renseigner sur ce genre de sujet tabou, surtout pour celles qui n'ont pas de mère ou de sœur à qui se confier.

MES PREMIÈRES AMOURS

J'ai été la dernière de mes amies à me faire un copain. J'étais entourée de petits couples, alors j'ai eu envie de faire comme tout le monde. En secondaire I, j'ai donc commencé à sortir avec un gars que je n'aimais pas vraiment pour imiter mes amies et pour pouvoir moi aussi prendre des photos mignonnes, gribouiller le nom de mon amoureux dans mon agenda et passer les récréations avec lui (il fallait donc qu'il soit à la même école que moi pour que tous les élèves de l'école le sachent et surtout, pour m'assurer de ne pas rester seule à la récré).

Tout se passait sur MSN (#ThrowBack... les anciennes vont comprendre). Il m'a d'abord écrit pour m'inviter à sortir avec lui parce qu'il était trop gêné pour me le demander en per-sonne. C'est sans doute la plus longue conver-sation qu'on a eue durant notre relation ! Entre les cours, on se tenait par la main, mais on n'avait pas grand-chose à se dire. Au moins, je pouvais me vanter auprès de mes amies d'avoir un copain. On s'est laissés quelques jours plus tard... sur MSN, évidemment ! Ça s'est passé de cette façon avec plusieurs autres garçons. Ce n'était pas du tout sérieux, ces garçons servaient plus à impressionner mes amies... #désoléelesboys, haha ! C'est toujours moi qui finissais par rompre avec eux... jusqu'à mon premier vrai amour. Bouhou ! Mais j'y revien-drai (voir « Ma première peine d'amour » p. 59).

David ♥

Simon ♥

Antoine ♥

En secondaire III, je me suis mise à fréquenter mon voisin. Il n'allait pas à la même école que moi, mais c'était correct parce que j'avais dépassé la phase de « il faut qu'il soit à la même école pour que tout le monde le sache » ! Ça ne posait donc pas de problèmes majeurs, haha ! C'était la première fois que j'étais vraiment amoureuse. Il avait le même âge que moi, on avait des amis communs et il attendait l'autobus au même arrêt que moi. Bref, juste assez pour que je le considère comme l'amour de ma vie (lol) ! On s'est vus quelques mois. Je flottais sur un petit nuage, je m'en souviens très bien. On était souvent ensemble, mais ça ne veut pas dire qu'on allait super bien ensemble ! Sa famille était passionnée de plein air et je me rappelle qu'on les accompagnait souvent durant leurs randonnées. J'avais tellement de mal à les suivre ! J'essayais de ne pas faire ma princesse, de ne pas trop chialer et de me fondre dans le décor, mais sans trop de succès. Ils me disaient « *Go,* Emma ! T'es capable ! » et moi, j'en doutais sincèrement. La pire fois, c'est quand ils m'ont amenée avec eux en camping sauvage. J'ai été malade durant le séjour et ils ont dû me reconduire chez moi, à trois heures de route. J'étais traumatisée ! Ce gars-là n'était peut-être pas le bon pour moi, tout compte fait...

MA PREMIÈRE PEINE D'AMOUR

J'aurais dû m'en douter ; ce n'était qu'une question de temps avant que mon copain décide de mettre un terme à tout ça. Mais je n'aurais jamais cru qu'il oserait me laisser durant le temps des fêtes ! (PAS *COOL* ☹)

Ça a vraiment été un coup dur pour moi. Je me souviens qu'il était parti fêter Noël dans sa famille, à l'extérieur de la ville. De mon côté, je partais le 26 décembre pour New York avec mes parents et ma sœur. Juste avant mon départ, je lui avais envoyé un looooooong message SUPER sentimental (et probablement TRÈS malaisant, j'étais encore plus *awkward* à cette époque) dans lequel je lui disais que je quittais pour une semaine et qu'il me manquerait beaucoup durant ce temps. Les jours passaient et il ne me répondait pas. J'allais constamment consulter ma boîte de réception sur l'ordi de mon père pendant le voyage, mais je restais sans nouvelles de lui et ça m'angoissait terriblement. Ça a presque gâché mon séjour !

À mon retour, toujours pas de réponse… Je suis allée chez mon amie, notre voisine commune, et c'est à ce moment que j'ai enfin reçu un signe de sa part. Il m'a envoyé un message «Il faut qu'on se parle»… pire phrase *EVER*! J'ai emprunté les vêtements et le maquillage de mon amie pour me faire une beauté (*AKA* 36 couches de fond de teint et ma ligne noire en dessous des yeux), me disant qu'il hésiterait peut-être à me laisser si j'étais à mon plus *cute*. Il est arrivé avec un petit sac en plastique contenant les effets personnels que j'avais laissés chez lui (un DVD de Harry Potter et un chandail… oui je m'en souviens à ce point! #freak). Le message ne pouvait pas être plus clair! J'ai juste pris le sac, et je n'ai même pas attendu qu'il parle. J'ai voulu prendre les devants en disant: «C'est fini, c'est correct.»

Lui: «C'est tout?»
Moi: «Ouais, ouais.»

Je suis TELLEMENT orgueilleuse dans la vie, je faisais mon indépendante et j'essayais d'avoir l'air forte même si j'étais sur le point de craquer. Mon orgueil avant tout! Je suis partie sans me retourner, puis je suis rentrée chez moi pour aller me réfugier dans ma chambre. J'ai appelé mon amie Catherine et je lui ai tout raconté en pleurant. Cath me disait: «C'est pas grave, c'est pas grave», mais j'étais inconsolable.

 **CONSEILS POUR SURVIVRE
À UNE PEINE D'AMOUR**
(ET EN SORTIR PLUS FORT !)

1

PLEUREZ UN BON COUP.

Toutes les larmes de votre corps, s'il le faut ! On se sent beaucoup mieux
après, croyez-moi.

2

TROUVEZ-VOUS UN BON AMI POUR EN PARLER
ET VOUS VIDER LE CŒUR.

C'est important d'avoir une épaule sur laquelle s'appuyer quand tout va mal.

3

LE TEMPS ARRANGE LES CHOSES.

C'est une phrase que l'on a tous déjà entendue, mais... c'est vrai !

4

ÉCOUTEZ UNE BONNE SÉRIE D'ENVIRON
67 SAISONS SUR NETFLIX...

Quand vous les aurez finies, vous vous souviendrez à peine du nom
de votre ex ! C'était qui déjà ? ;)

5

SI LES ÉTAPES PRÉCÉDENTES NE FONCTIONNENT PAS :

avalez des litres de crème glacée, puis revenez à la case départ !

MON PREMIER *PARTY*

WOUHOU! Enfin une première fois PAS déprimante. Personnellement, j'étais TRÈS énervée pour mon premier *party*. Le premier auquel j'ai participé était organisé dans le sous-sol d'un ami dont les parents étaient absents. Il y avait sûrement un grand frère ou une grande sœur pour nous surveiller, mais ça ne nous a certainement pas empêchés de faire absolument n'importe quoi.

Avec mes amis, j'avais passé des heures à choisir la bonne tenue, à me maquiller, à me mettre belle pour m'assurer qu'il n'y avait pas un cheveu qui dépassait de ma coiffure trop parfaite... mais disons qu'à la fin de la soirée, je n'avais plus tout à fait le même *look*... (lol). Pour une fille qui n'avait jamais bu une goutte d'alcool (ou presque), je m'étais mis en tête d'impressionner tout le monde. Je voulais prouver que j'allais tout le temps à des soirées, que j'étais *cool* et que je tolérais bien la boisson, alors que c'était tout le contraire! J'ai bu n'importe quoi, n'importe comment, et ce qui devait arriver arriva: j'ai fini la tête dans le bol de toilette, avec une amie (dans le même état que moi) pour me tenir les cheveux. On vomissait à tour de rôle pendant que nos amis continuaient à s'amuser.

À la nausée s'ajoutait la culpabilité d'avoir menti à mes parents pour aller au *party*. Ils contrôlaient beaucoup mes sorties alors c'était le seul moyen que j'avais trouvé pour m'y rendre : leur faire croire que je passais la soirée chez une amie. Ils ont vite compris ce qui se passait. Je vomissais trop, j'ai dû les appeler pour qu'ils viennent me chercher. Quand ma mère est arrivée à la fête, elle a bien vu que j'avais été malade. Dans les circonstances, elle n'a pas trop mal réagi. En fait, je pense qu'elle riait en cachette avec mon père. J'étais pas très *cute* à voir.

C'est normal, je crois, que dans ces situations-là, on apprenne vite de nos erreurs. Mais si c'était à refaire et si j'avais la chance de parler à la fille de 15 ans que j'étais, je lui dirais de faire un peu plus attention à elle, que ça ne sert à rien de vouloir impressionner tout le monde. Qu'on peut avoir du plaisir en étant soi-même, en respectant ses limites. Qu'il est tout à fait possible de passer une belle soirée sans se mettre dans cet état, de prendre des photos et de créer des souvenirs qu'on se rappellera encore le lendemain.

MES PREMIÈRES CHICANES AVEC MES PARENTS

À l'âge que j'ai aujourd'hui, je trouve qu'il est super important d'avoir une bonne relation avec ses parents. J'essaie de voir les miens le plus souvent possible, mais ça n'a pas toujours été comme ça. Avant, j'avais plutôt tendance à les éviter et à vouloir passer le moins de temps possible avec eux. Plus jeune, je chialais beaucoup, j'étais irritable et j'écoutais rarement leurs conseils et leurs recommandations. En fait, quand ma maman va lire ce passage, elle va probablement m'appeler pour me dire que je suis encore comme ça. HAHA! Mais je vous jure que je suis VRAIMENT moins pire qu'avant. ☺

C'est vers l'âge de 15 ou 16 ans que j'ai eu mes plus grosses chicanes avec mes parents. Ils me répétaient constamment que mes vête-ments étaient trop courts et me reprochaient de trop me maquiller pour aller à l'école. (Ils avaient raison... Haha!) J'étais TRÈS orgueil-leuse. J'étais MÉGA tête de cochon, je ne sup-portais pas de ne pas avoir raison. Par exemple, une de nos disputes concernait l'achat d'un

téléphone cellulaire. Mes parents voulaient que j'attende d'avoir 17 ans, mais j'ai fini par me l'acheter avec mes propres économies, quelques mois à peine avant d'atteindre l'âge permis. C'est niaiseux. Si j'avais été un peu plus patiente, il aurait été gratuit!

J'étais vraiment tête de cochon et ça se retournait souvent contre moi. Par exemple, si mes parents refusaient de me laisser aller au cinéma avec un gars, je pétais une telle crise qu'en bout de ligne, je me retrouvais privée de sortie durant une semaine entière. J'étais donc doublement perdante!

Je vais avoir l'air de la grande sœur qui donne des conseils plates mais, souvent, vos parents ont raison. Les miens étaient assez stricts et je me rends compte aujourd'hui qu'ils voulaient seulement mon bien. La vie va mieux lorsqu'il n'y a pas de dispute. Dites-leur que vous les aimez même si des fois ils vous énervent! ;)

MES PREMIÈRES CHICANES AVEC MES AMIS

Les vrais amis seront toujours là pour vous, peu importe votre copain du moment, ce que vous vivez, si ça va mal, si ça va bien. Les amis sont toujours là. Il faut prendre le temps de bien s'occuper d'eux, c'est tellement important ! S'ils sont là pour vous, il faut que vous le soyez pour eux en retour.

Il y a des moments où je me demande vraiment ce que j'aurais fait sans mes amies. Quand ça va mal, j'appelle mes meilleures amies, elles arrivent chez moi en trois minutes et finalement, je passe la soirée à rire ! Dès qu'il y a un problème, c'est vers elles que je me tourne. Même si on déménage ou si on se fait un amoureux, peu importe si on est loin ou proche, c'est primordial de garder contact. Il faut continuer à se parler pour se donner des nouvelles. Les vrais amis sont prêts à vous encourager et à vous consoler. Ils ne vous jugent pas, même si vous les avez un peu laissés tomber pour votre nouveau chum, ils vous accueillent à bras ouverts quand vous revenez vers eux.

Les amies que j'avais au secondaire, je les ai encore aujourd'hui. Quand on est jeune, on ne se rend pas totalement compte qu'il faut prendre soin de nos amis parce qu'on ne se doute pas qu'ils pourraient rester dans notre vie pour très longtemps. Au secondaire, on est appelé à faire des choix qui seront super déterminants pour l'avenir (ex.: choix de programme au cégep). On se fait une nouvelle vie par après, on a un horaire super chargé et une foule de choses à penser, mais il faut se garder du temps pour les amis.

Les premières chicanes peuvent survenir quand on se fait de nouveaux amis qui ne plaisent pas nécessairement aux anciens (ou avec qui on passe trop de temps, délaissant les copains d'avant), ou quand on prend de nouvelles habitudes. Certaines personnes changent beaucoup avec le temps, d'autres restent fidèles à elles-mêmes et évoluent plus lentement... Il y a plein de raisons pour prendre des chemins différents. Des fois, on a du mal à piler sur son orgueil, mais l'amitié est plus importante que notre petit ego !

Mes amies et moi sommes super proches, on fait vraiment attention l'une à l'autre. Au secondaire, on ne mesurait pas l'intensité de notre amitié... On devinait encore moins que c'était pour durer. Mais des années plus tard, on est toujours aussi liées. On a eu des chicanes étant plus jeunes, mais je suis tellement contente qu'elles soient encore mes amies aujourd'hui !

Une chose est sûre : je suis heureuse d'être passée par-dessus nos conflits. Avec le recul, on se rend compte que la relation qu'on entretient est plus importante que tout. Donc, si vous avez une chicane, demandez-vous ce qui est le plus important à vos yeux : votre orgueil ou votre amitié ? Si vous avez confiance en vos amis et qu'ils vous apportent plus de joies que de peines, passez par-dessus pour pardonner et vous faire pardonner. Oubliez votre rancune.

MON PREMIER EMPLOI

J'ai obtenu mon premier emploi à l'âge de 16 ans. C'était dans un café à Sherbrooke et heureusement que ça n'a duré que six mois parce que c'était épouvantable ! J'arrivais toujours en retard, mes patrons ne m'aimaient pas… avec raison, je crois. Je me rappelle une fois où je devais sortir les poubelles. En les transportant, je les ai échappées dans le café et, comme j'avais mal fermé le sac, le contenu s'est répandu partout sur le sol. J'ai dû tout nettoyer, c'était dégueulasse !

Je ne me souviens même plus combien de fois j'ai fait tomber des cafés ou brûler des sandwiches, que je servais tout calcinés aux clients. J'ai démissionné juste avant mon bal, au moment où j'ai commencé à tourner mes premières vidéos YouTube. Quand j'ai annoncé à mes patrons et à mes collègues que je démissionnais, personne n'était déçu ni même surpris. Ils n'étaient pas tristes du tout, au contraire ! Je crois qu'ils attendaient ce moment depuis longtemps. Au moins, je n'ai pas été renvoyée. Mon honneur était sauf !

J'ai ensuite travaillé dans un **magasin de chaussures,** où je dépensais toutes mes payes en souliers… Je profitais juste TROP de mon rabais. J'y ai travaillé un an, j'aimais vraiment ça ! J'ai quitté l'emploi avant de déménager à Montréal à l'été 2014, mais entre-temps, j'avais aussi commencé à travailler dans un **dépanneur** de Sherbrooke pour faire plus d'heures et plus d'argent afin d'arriver à payer mon futur appartement. En théorie, c'était une bonne idée, mais en pratique, c'était une tout autre histoire ! Je travaillais de nuit et je détestais être caissière. Je suis une personne très sensible. Dans un dépanneur, les gens

ont tendance à ne pas se montrer très gentils avec les commis. La clientèle est difficile, surtout la nuit. On me parlait de façon brusque et ça me mettait tout à l'envers. Ce n'était vraiment pas un emploi pour moi. J'avais de la difficulté avec les tâches qu'on me donnait! Les autres employés étaient des gros gars baraqués, je n'avais absolument rien à voir avec le reste de l'équipe (surtout avec mes cheveux roses!).

On a le réflexe de sous-estimer les jobs étudiantes, mais faire quelque chose qu'on n'aime pas vraiment, c'est lourd! Si vous avez un travail étudiant que vous détestez, je vous comprends tellement! Courage, il y a de l'espoir. Dites-vous qu'un jour, vous pourrez exercer un métier qui vous plaît réellement, et que vous mesurerez davantage votre chance. Prenez moi, par exemple, je pleurais avant chaque quart de travail et j'ai survécu. Maintenant, J'ADORE ce que je fais et je ne changerais ça pour rien au monde. Ça bat TOUTES les jobs étudiantes.

MON PREMIER APPART

J'ai décidé de quitter la maison familiale à l'été 2014, juste avant mon entrée au cégep. Je m'étais inscrite à une école de mode, j'étais persuadée que j'adorerais mon programme et que je prendrais goût à cette nouvelle liberté. J'étais la première de mes amies à partir en appartement et à emménager toute seule. Ça a été un GROS changement ! Non seulement je quittais la maison, mais je devais aussi changer de ville (de Sherbrooke à Montréal, la grande ville).

J'étais super excitée, convaincue que tout allait bien se passer. Mais j'ai vite perdu mes illusions... J'ai été déçue que les choses ne se déroulent pas comme prévu, je me sentais loin de chez moi et j'avais du mal à m'adapter à mon nouvel environnement. Je pensais que ça s'arrangerait avec le temps, mais non. Je retournais chez mes parents toutes les fins de semaine et j'étais toujours un peu plus découragée en rentrant à l'appartement. Il n'était pas bien décoré parce que je partageais mon temps entre l'école et ma job étudiante. Comme c'était très impersonnel, ça ne m'aidait pas à m'y sentir chez moi... Il faut dire aussi qu'il se trouvait dans un quartier défavorisé et que l'immeuble était vraiment miteux. Quand on entrait dans le bloc appartement, ça puait la vieille chaussette sale. Ce n'était pas très invitant. Bref, rien pour m'aider à me sentir mieux !

Au début, j'avais hâte d'aller faire mon épicerie toute seule, comme une grande, mais je m'en suis vite lassée. J'avais du mal à me faire un budget et à me garder des sous pour manger... (lol #MourirDeFaimÀ18Ans). Je cuisinais peu et mangeais très mal. Il y avait un Subway à côté de mon appartement, ils ont tellement fait d'argent avec moi ! J'avais aussi de la difficulté à faire mon ménage et ma vaisselle, à ramasser au fur et à mesure. Les premiers mois, je me laissais beaucoup traîner. Pour le lavage, je devais descendre au sous-sol de l'immeuble,

dans une vieille salle qui puait le renfermé, et payer avec de la monnaie. Ça me dégoûtait, alors j'accumulais le linge sale et je reportais tout le temps cette corvée.

Comme tout était désorganisé, je n'arrivais plus à faire mes vidéos YouTube… Mon appart était trop désordonné, chaque pièce était en bordel. Quand j'avais un moment de libre, je faisais le ménage, puis une fois que c'était relativement propre, que la chambre était présentable et que j'avais du linge propre à me mettre sur le dos (!), j'étais trop épuisée pour tourner ma vidéo.

J'ai habité dans cet appartement miteux un an ! Je me trouve bonne d'être restée aussi longtemps, haha ! Maintenant, je vis un peu mieux la vie d'adulte même si mon appart est toujours aussi sens dessus dessous. Ça fait partie de ma personnalité, j'imagine ! Haha ! :)

MON PREMIER ANIMAL DE COMPAGNIE

Avant même d'emménager dans mon premier appartement, j'ai commencé à regarder les annonces à la recherche d'un animal pour me tenir compagnie dans cette grande étape de ma vie. Comme j'avais toujours eu des animaux à la maison, je me voyais mal habiter à Montréal sans une adorable petite boule de poils pour me réconforter quand ça va mal. C'est devenu MA priorité. Mes parents me disaient : « Achète tes meubles avant de penser à adopter un chat ! », mais je n'en faisais qu'à ma tête (comme toujours). Je lui avais déjà trouvé un nom. Je disais, en blague, que je baptiserais mon chat Mitaine… et c'est resté !

En faisant mes recherches sur Internet, je suis tombée sur cette photo de Mitaine et j'ai eu le coup de foudre ! Vous comprenez pourquoi. ☺

Il y avait plusieurs chatons de la même portée, mais j'ai téléphoné spécifiquement pour elle, la petite poilue blanche et grise. C'était celle-là que je voulais ! Je suis allée la chercher et on a pris le taxi pour revenir. Elle était minuscule. Même si Mit n'avait pas l'air trop stressée, ça ne l'a pas empêchée de miauler tout le long du trajet… Elle avait déjà son petit caractère, hi hi !

Best Friends ♡

À son arrivée à l'appartement, elle s'est cachée durant des jours. Comportement félin typique ! Heureusement, elle a bien fini par se pointer le bout du nez pour qu'on puisse faire connaissance. C'est devenu ma grande complice, je L'ADORE et ne l'échangerais pour aucun chat au monde. Mitaine, c'est la meilleure !

4 CONSEILS SI VOUS ADOPTEZ UN ANIMAL

1

ADOPTEZ UN ANIMAL DANS LE BESOIN,
comme ceux que l'on trouve à la SPCA ou dans les refuges pour chiens et chats, parce qu'il y en a beaucoup trop qui cherchent une famille pour écarter cette option-là. Ils sont tout aussi mignons que les animaux vendus dans les animaleries, et dites-vous que vous sauverez une vie !

2

GARDEZ EN TÊTE QU'IL Y AURA FORCÉMENT DES IMPRÉVUS
et prévoyez un budget pour la nourriture, la litière et les frais vétérinaires… Moi, je n'y avais pas pensé et j'ai eu toute une surprise lors de mes premiers rendez-vous chez le vétérinaire. Par chance, il n'est rien arrivé de grave à Mitaine sinon j'aurais été mal prise !

3

PENSEZ À LONG TERME
parce qu'un animal de compagnie vit en moyenne une dizaine d'années. C'est pour la vie, on n'abandonne pas son animal de compagnie. Pendant plus ou moins dix ans, vous devrez trouver un appart qui accepte les animaux, faire appel à quelqu'un pour le garder lorsque vous partirez en vacances à l'étranger. Bref, vous devrez toujours tenir compte de votre compagnon dans vos choix de vie.

4

SI VOUS N'ÊTES PAS PRÊT À FAIRE LES EFFORTS NÉCESSAIRES
mentionnés dans les trois points précédents, vous n'êtes sans doute pas prêt à adopter un animal. Ce n'est pas un jouet, il ne faut pas prendre ses responsabilités à la légère.

MES PREMIERS COURS DE CONDUITE

ma voiture de rêve :

Certaines personnes sont très à l'aise derrière un volant. Ça n'a jamais été mon cas. Les voitures ne m'intéressent pas et je doute sérieusement que je puisse me découvrir un intérêt pour la conduite un jour. J'ai déjà eu un vélo et j'ai arrêté d'en faire dès que mon père a enlevé les deux roulettes arrière… Pour vous dire à quel point les véhicules ne m'ont jamais intéressée.

Ce sont mes parents qui ont insisté pour que je suive des cours de conduite, mais je n'en avais pas du tout envie. C'était une catastrophe. J'avais l'impression que tous ceux que je connaissais avaient déjà conduit un véhicule quelconque avant leurs premiers cours de conduite, que ce soit un tracteur, une mobylette ou l'auto de leurs parents dans un stationnement… pas moi ! Je ne savais absolument pas à quoi m'attendre en arrivant à mon premier cours. C'est à peine si je savais où mettre la clé. L'instructeur n'était sans doute pas préparé à recevoir une élève aussi inexpérimentée que moi parce qu'à la fin du cours de conduite, il avait l'air traumatisé ! Et avec raison : j'étais un véritable danger public ! J'ai tendance à être stressée dans la vie, en général, mais pas cette fois-ci. J'étais juste fâchée, pas du tout stressée ni même consciente du danger.

J'allais beaucoup trop vite. Par chance, le prof avait son propre frein pour réagir et m'empêcher de faire un accident… J'avais vraiment une attitude nonchalante, ce qui n'est tellement pas mon genre ! Mais c'était plus fort que moi, ça m'énervait d'être là. Je pensais aux vidéos que j'aurais pu être en train de filmer.

Le prof était découragé. À un moment donné, il m'a ordonné de me stationner pour reprendre son souffle. Il m'a ensuite demandé de reculer, mais j'ai plutôt appuyé sur l'accélérateur. Il a tout juste eu le temps de freiner, quelques millimètres à peine avant que j'emboutisse l'auto stationnée devant. Il avait l'air beaucoup plus découragé que moi. Je n'ai jamais réussi à aller au bout de mes cours de conduite (même si on m'avait fait prendre des cours supplémentaires, c'est peut-être ce qui m'a découragée, d'ailleurs), et aujourd'hui, j'habite en plein cœur du Plateau-Mont-Royal, alors je n'ai pas besoin de conduire, au grand bonheur de tout le monde ! Mais attention : je reprendrai peut-être le volant un jour !

P.-S. Dire qu'à mon examen théorique, j'avais copié sur le gars d'à côté qui m'avait ensuite avoué avoir écrit n'importe quoi… On était très fiers quand le prof nous a dit qu'on avait eu la note de passage ! Haha !

Pourtant, j'ai commencé à me pratiquer jeune ! LOL

MON PREMIER VOYAGE SANS MES PARENTS

Partir à l'étranger sans ses parents, c'est excitant ! On se dit que ce sera l'aventure de notre vie, qu'on en reviendra transformé… Mais attention ! Si on se fait trop d'attentes, on risque d'être déçu. Parlez-en à mon amie Delphine et à moi, vous verrez que les vacances de rêve ne se déroulent pas toujours comme prévu (lol).

En janvier dernier, je suis allée à Cuba avec Delphine. On était déprimées, en peine d'amour, on avait vraiment besoin de décrocher et de se changer les idées. Ça ne nous tentait pas de se casser la tête alors on n'a pas vraiment fait de recherches sur Internet. On a préféré se rendre directement dans une agence de voyages. À l'agence, la fille nous a conseillé un endroit sans donner trop de détails, disant simplement qu'elle y allait souvent avec son copain et que c'était vraiment bien. Elle vantait la place sans bon sens, c'était le paradis pour elle. « Vous allez vous amuser, les filles ! La plage est vraiment belle », qu'elle disait. On a accepté sans trop poser de questions, comme elle avait à peu près notre âge, on lui faisait confiance. On a donc réservé le jour même tellement on était impatientes de partir. La journée du départ, on était super énervées! Delphine est venue me chercher chez moi, puis on s'est rendues à l'aéroport pour prendre l'avion. Le vol s'est bien passé, on n'a presque pas vu le temps filer. Arrivées à Cuba, on entre dans un autocar. Mon amie me dit de lever la tête, je m'exécute et… c'est le choc. On était entourées de têtes aux cheveux gris et de couples qui s'embrassaient! On gardait espoir de rencontrer des jeunes à l'hôtel, mais non. Même clientèle: des personnes âgées et des couples! C'était tellllllllllement plate! L'ambiance était NULLE. On était TROP déçues. Delphine était en peine d'amour, et on n'arrêtait pas de croiser des amoureux qui se tenaient par la main et s'embrassaient à tout bout de champ. L'ambiance romantique nous a refroidies. Ça nous a fait l'effet d'une douche froide. La première journée, Delphine était tellement découragée qu'elle s'est mise à pleurer. Le deuxième jour, on s'est ressaisies. On essayait de se remonter le moral en se disant: «C'est un voyage pour se reposer, ça va nous faire du bien.» On s'est résignées à faire des siestes et à bronzer le plus possible. On avait l'air de deux petites vieilles. Dans le fond, on s'était bien adaptées à l'endroit! ;) À la fin de notre voyage, un groupe de jeunes est arrivé… des fêtards plus âgés que nous. On s'était tellement conditionnées à être dans un *mood* matantes qu'on chialait parce qu'ils faisaient du bruit. On se faisait rire avec notre attitude de grands-mères!

1

RENSEIGNEZ-VOUS, FAITES DES RECHERCHES, DEMANDEZ AUX GENS AUTOUR DE VOUS.

Ne prenez pas le premier voyage proposé ni les offres de dernière minute ; vous risquez d'être déçu. Choisissez la destination et l'hôtel en fonction de vos attentes et des activités que vous souhaitez faire.

2

NE PARTEZ PAS EN VOYAGE AVEC N'IMPORTE QUI !

Allez-y avec quelqu'un qui a un caractère compatible au vôtre, qui partage les mêmes intérêts et a les mêmes attentes que vous. Si vous y allez en couple et que vous avez tendance à vous disputer, vous vous dites peut-être que le voyage va vous rapprocher.... mais il y a de grandes chances que ça ait plutôt l'effet inverse. Rappelez-vous que vous serez 24 h sur 24 avec la même personne. (J'ai eu pas mal de temps pour observer les couples durant mes vacances et j'ai été témoin de ruptures, alors c'est un pensez-y-bien.)

3

FAITES UNE LISTE DE TRUCS À AVOIR DANS VOS BAGAGES (OU SUR LA PLAGE) POUR VOUS ASSURER DE NE RIEN OUBLIER !

Et surtout, ne faites pas comme moi : n'oubliez pas vos papiers d'assurances !

CONSEILS POUR PASSER DE BELLES VACANCES

LA PREMIÈRE FOIS OÙ J'AI EU CONFIANCE EN MOI

À la fin de mon secondaire, je ne savais pas encore ce que je voulais faire plus tard. La plupart de mes amis connaissaient exactement le métier qu'ils voulaient exercer dans la vie, moi je n'avais aucune idée ! Le simple fait de ne pas avoir de but précis, ça enlève beaucoup de confiance en soi. Ça donne l'impression de ne pas se connaître. C'était dur pour moi de ne pas savoir où je m'en allais.

J'ai essayé plein de programmes, comme la mode et les communications, sans oublier les cours de base (que je trouvais tellement ennuyants). Mes cours me motivaient moyennement. J'avais déménagé à Montréal pour m'inscrire à une école de mode, mais finalement, le programme ne me plaisait pas autant que ce à quoi je m'attendais. J'ai trouvé ça super démotivant, j'avais l'impression d'avoir fait tout ça pour rien. Je tournais déjà des vidéos, mais à l'époque, c'était un simple passe-temps. Je ne considérais pas ça comme un travail sérieux, je faisais ça pour le plaisir. Le nombre d'abonnés montait en flèche sans que je m'en rende compte, jusqu'à ce que des marques connues

se mettent à me contacter. C'est à ce moment que j'ai commencé à avoir un bon revenu avec ma chaîne. Comme je ne savais pas en quoi m'inscrire à l'école, je me suis dit que je pourrais continuer à tourner des vidéos puisque c'est ce que je semblais faire de mieux. Mes parents ont toujours misé sur les études, c'est super important à leurs yeux... et aux miens aussi. Mais j'ai décidé de suivre mon cœur, d'écouter la petite voix dans ma tête. Ça peut sembler quétaine et pourtant, c'est vrai. J'ai voulu prouver aux autres que j'avais raison de suivre cette voie.

Selon moi, c'est ça la définition de la confiance en soi : faire ce qu'on aime et prendre des décisions pour nous, et non pas pour les autres, selon LEURS valeurs. S'ils ne sont pas contents, tant pis pour eux ! Ce que je fais, je le fais pour moi, et je vous conseille de faire pareil. Ce n'est pas grave si les autres ne sont pas d'accord avec vos choix et n'aiment pas le résultat, l'important c'est que VOUS soyez bien avec ça. Que vous assumiez vos rêves, vos ambitions, et que vous les suiviez jusqu'au bout.

DIY ☀ TA VIE !

LA PHOTO D'OUVERTURE DE CE CHAPITRE ME FAIT BEAUCOUP RIRE.

C'est très représentatif de ce à quoi je ressemblais au primaire. J'étais toujours tachée de peinture avec probablement quelques morceaux de ruban adhésif collés dans les cheveux. J'imagine que tous les enfants passent par cette période, mais moi, c'était puissance 1000! Et surtout, c'est une passion qui est encore très présente aujourd'hui. Je n'ai jamais eu de très bonnes notes à l'école… sauf dans mes cours d'art! J'aime peindre, créer, imaginer des projets à faire soi-même. J'aime aussi beaucoup dessiner, c'est une façon pour moi de gérer mon stress. Ça me permet de prendre le temps de réfléchir, je le fais souvent lorsque j'ai l'impression que tout va trop vite et que j'ai trop de choses à faire. Si vous êtes une personne stressée, essayez ce truc et redonnez-moi des nouvelles! Ça marche, je vous le promets!

J'ai toute une collection de matériel de DIY chez moi, et tout est rose et *girly*. HAHA!

Comme je suis VRAIMENT fière de ma collection (lol) j'ai décidé que ce chapitre commencerait avec ma boîte de bricolage (*cute* comme nom, hein?). Évidemment, pas besoin d'acheter exactement tout ce qu'il y a sur la photo pour mettre à profit votre créativité. (MAIS il y a quand même des points bonus si tout est rose.)

• • • • • •

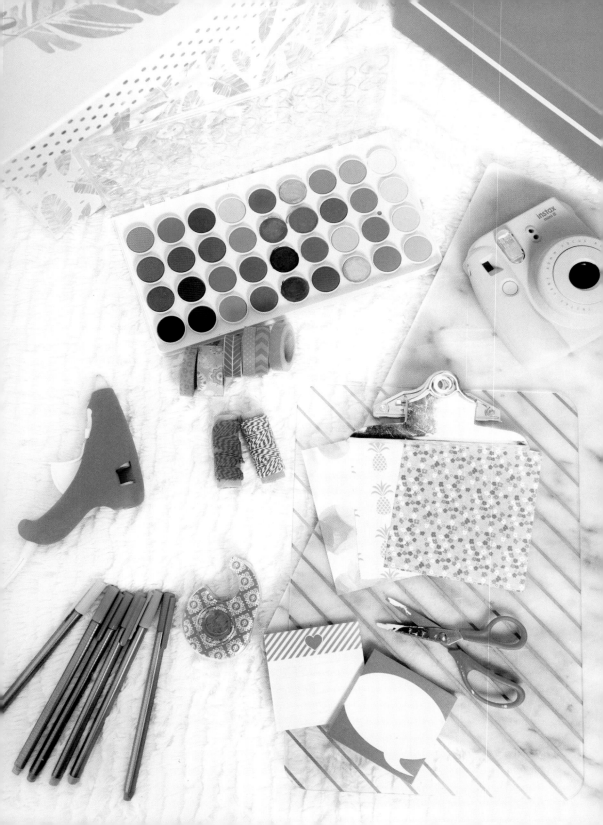

CHOSES À RETENIR POUR RÉUSSIR SES DIY (ET S'ÉPATER SOI-MÊME !)

1

S'ÉQUIPER

Chez moi, j'ai une boîte à DIY bien remplie. Des Post-it de toutes les formes, des ciseaux rose et des tonnes de crayons, c'est vraiment important pour faire PLEIN de DIY, hehe ! ;)

2

S'INSPIRER

Allez sur PINTEREST ! Meilleur truc *EVER*. Vous allez trouver plein de sources d'inspiration. Il y a des centaines d'idées de projets.

3

ÊTRE PATIENT

C'est un conseil que j'ai du mal à respecter, je veux toujours tout faire trop vite, haha ! Mais des fois, il faut attendre d'avoir le matériel nécessaire, ou encore que la peinture sèche !

4

ÊTRE CRÉATIF

Mettez les couleurs que vous aimez, les motifs qui vous ressemblent. Bref, soyez créatif en restant vous-même, hihi ! ☺

LETTRE + PHOTOS TUMBLR

2.

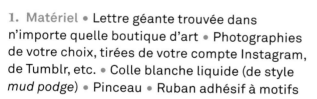

1.

3.

4.

1. Matériel • Lettre géante trouvée dans n'importe quelle boutique d'art • Photographies de votre choix, tirées de votre compte Instagram, de Tumblr, etc. • Colle blanche liquide (de style *mud podge*) • Pinceau • Ruban adhésif à motifs

2. Appliquez la colle sur les deux surfaces des photos (recto verso) après avoir choisi leur emplacement sur la lettre. **3.** Découpez les bords des photos qui dépassent pour bien définir le contour de la lettre. **4.** Mettez le ruban adhésif à motif tout autour de la lettre pour obtenir une belle finition.

PETITE BOÎTE À RANGEMENT

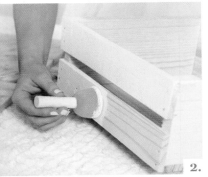

2.

1.

3.

1. Matériel • Une petite boîte en bois, que vous pouvez trouver à l'épicerie, dans la section des fruits et légumes (ex. : celles qui contiennent des clémentines) • Un pot de peinture acrylique de la couleur de votre choix • Un papier d'emballage qui vous plaît (moi, je l'ai choisi à motifs, évidemment, hihi !) • Une grosse éponge pour appliquer la peinture • Un rouleau de ruban adhésif double face

2. Appliquez la peinture avec l'éponge en tapotant. Une couche suffit pour obtenir l'effet désiré. **3.** Coupez une bande du papier à motifs. (La largeur peut varier, tout dépendant si vous désirez couvrir la totalité de la planche ou la recouvrir partiellement.) Laissez-vous aller ! Faites confiance à votre instinct d'artiste ! **4.** Collez la bande de papier sur la boîte avec du ruban adhésif double face.

4.

POTS MASON

1.

2.

3.

1. Matériel • Pots Mason de tailles et de formes différentes • Tubes de peinture de vos couleurs préférées • Lime à ongles • Une petite éponge

2. Appliquez la peinture avec l'éponge en tapotant. Une couche suffit, car on ne veut pas que ce soit trop opaque. **3.** Une fois que la peinture est bien sèche, frottez délicatement à l'aide de la lime à ongles pour obtenir un effet vieillot. **4.** Laissez libre cours à votre créativité pour remplir vos pots Mason de trucs que vous aimez (ex. : fleurs, crayons, produits de beauté).

4.

RANGEMENT POUR CAHIERS

2.

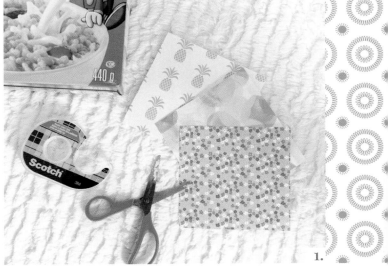

1.

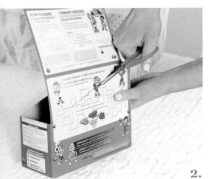

3.

4.

1. Matériel • Boîte de céréales (vide !) • Papier à motifs de votre choix • Ruban adhésif double face • Ciseaux

2. Tracez une ligne oblique sur la boîte, puis découpez en suivant la ligne. **3.** Découpez le papier en suivant la forme de la boîte et en gardant un excédant de papier, de façon à pouvoir le replier sur le rebord (un papier par surface, donc quatre morceaux). **4.** Collez le papier sur chaque côté de la boîte avec le ruban adhésif double face.

DRAPEAU (♥♥♥)

1.

2.

3.

4.

1. Matériel • Tissu de votre choix • Bâton de bois • Fusil à colle chaude • Une grosse éponge • Fil de couleur (à motifs, facultatif) • Peinture à tissu • Feuille de papier • Crayon à mine

2. Découpez le tissu en suivant la forme indiquée par les pointillés. **3.** Fabriquez un pochoir en traçant la forme souhaitée, puis découpez-la à l'aide de ciseaux. **4.** Placez le pochoir sur le tissu et tapotez doucement l'éponge imbibée de peinture à tissu. **5.** Installez le fil sur le bâton des deux côtés avec un double nœud pour que ça tienne mieux. **6.** Mettez une ligne de colle chaude sur le bâton et repliez le tissu par-dessus le bout de bois.

5.

6.

JE NE SAIS PAS POUR VOUS, MAIS MOI, JE PASSE TELLEMENT DE TEMPS ENFERMÉE DANS MON APPART, Ç'EN EST PRESQUE GÊNANT...

Quand j'emménage dans un nouvel endroit, la première chose qui me vient en tête (après avoir tout nettoyé, genre), c'est la déco ! J'aime tellement me promener dans les magasins de décoration, regarder ce que je pourrais acheter (ou refaire en DIY), passer des heures sur Pinterest. J'ADORE ça, mais je sais que tout le monde n'est pas comme moi. Peut-être que vous n'y accordez pas autant d'importance que moi, mais... notre environnement affecte notre humeur beaucoup plus qu'on pense ! Notre appartement, c'est quand même la première chose qu'on voit en se levant le matin, c'est aussi un des endroits où l'on se sent le mieux dans le monde, donc s'il y a un effort à faire au niveau déco, c'est bien là ! À force d'essayer de... « Pinterest » tous les appartements miteux que j'ai eus dans ma vie (lol), je n'ai pas eu de mal à faire une liste de mes meilleurs conseils pour rendre notre espace un peu plus *cute* ! Si vous n'êtes toujours pas convaincu... voici quelques bonnes raisons de vous attarder à la déco de votre environnement.

⭐

Ça peut avoir l'air stupide, mais une belle déco, ça peut changer votre humeur ! Je me sens toujours mieux quand tout est à mon goût chez moi... et bien rangé. Mais ça, c'est sûrement mon côté perfectionniste (HAHA !).

⭐

Vous n'êtes pas obligé de penser forcément au côté « déco », il y a aussi le côté « pratique ». Quels meubles ou quelle façon de placer les choses peuvent rendre votre vie plus simple ?

⭐

Au pire, si vous ne le faites pas pour vous, faites-le pour les gens qui viendront vous visiter ! C'est tellement plus agréable d'entrer dans un espace chaleureux et bien décoré !

• • • • • •

SE SENTIR
BIEN
CHEZ SOI

 CONSEILS ET ASTUCES DÉCO

1
FAIRE DES RECHERCHES SUR PINTEREST POUR S'INSPIRER.
C'est mon site déco pref. J'aime aussi feuilleter des magazines de décoration. On peut y mettre des Post-it pour noter les idées qu'on aime.

2
PEINTURER LES MURS DE COULEUR PÂLE, DANS DES TEINTES CHAUDES, POUR UN EFFET LUMINEUX.
J'ADORE le rose fluo, mais je ne peinturerais jamais ma chambre de cette couleur. #OverdoseDeRose.

3
CHOISIR DES COULEURS QUI S'AGENCENT BIEN AVEC TOUT ET N'IMPORTE QUOI.
Si vous choisissez de peinturer votre mur vert lime, ce sera plus difficile de trouver des meubles qui s'harmonisent bien avec la pièce.

4
AFFICHER DES PHOTOS D'AMIS ET DE GENS QU'ON AIME.
Ça me fait toujours sourire de voir des drôles de photos et des visages connus, ça m'aide à me sentir bien.

5
UN GRAND TAPIS CHANGE COMPLÈTEMENT LE *LOOK* D'UNE PIÈCE.
Personnellement, j'aime beaucoup les tapis à motifs ou très colorés, ils donnent une ambiance chaleureuse.

S.O.S. J'HAÏS MA CHAMBRE !

Souvent, quand on vit avec ses parents, on ne choisit pas sa déco (ni même sa chambre). Si votre environnement ne vous satisfait pas, Emma arrive à la rescousse !

PIÈCE TROP PETITE

* Un petit truc super facile pour agrandir un espace : installer des miroirs dans la pièce. Elle vous semblera bien plus grande !

* Privilégier les meubles à la fois petits et pratiques. Vous allez gagner de l'espace et vous sentir plus organisé (ex. : base de lit avec tiroirs).

* Garder l'essentiel dans votre chambre et sortir l'inutile (ex. : entreposer les vêtements qui ne sont pas de saison dans une autre pièce ou dans une valise en dessous de votre lit).

MANQUE DE LUMINOSITÉ

* Installer des guirlandes de lanternes.

* Peindre les murs en blanc = bonne idée pour illuminer une pièce.

* Bien choisir le type d'éclairage.

MANQUE DE *COZYNESS*

✺ Mettre des chandelles ici et là (c'est un truc que je connais bien… Je pense qu'il n'y a pas une de mes vidéos sur YouTube où on ne voit pas de chandelle en arrière-plan !). Ça ajoute beaucoup de chaleur et ça sent bon en plus.

✺ Bien choisir votre couvre-lit. Ajouter 53 coussins, 32 couvertures et toutes vos peluches préférées (OK, j'exagère un peu, mais ça fait quand même une grande différence).

MAUVAIS CHOIX DE COULEUR (OU DE TAPISSERIE)

✺ Afficher des grandes photos et des grands cadres pour couvrir le plus de surface de ladite couleur affreuse.

✺ Accrocher un grand tissu au-dessus de votre lit (une nouvelle mode un peu bohème que j'aime beaucoup).

MANQUE DE RANGEMENT

✺ Si votre garde-robe est trop petite (ou que vous n'en avez tout simplement pas), ajouter un support à vêtements. Éviter de placer le support à vêtements trop proche de la cuisine par contre, parce que vos vêtements risquent de prendre toutes sortes d'odeurs déplaisantes…

✺ Faire des DIY déco rangement et organisation comme on en trouve tant sur une certaine chaîne YouTube (je dis ça comme ça). ;)

L'AMBITION

Chapitre à lire en écoutant du BEYONCÉ ♡

ÇA VEUT DIRE QUOI, « ÊTRE AMBITIEUSE » ?

Depuis quelque temps, je remarque que mes proches me soutiennent beaucoup et sont fiers de moi. Ça me fait TELLEMENT plaisir ! On ne considère pas que quelqu'un est *successful* pendant qu'il travaille ou qu'il pense à ses projets. On considère qu'il a réussi quand ses réalisations viennent à terme, quand les efforts commencent à porter leurs fruits. Depuis que j'ai un projet de livre, qu'on me voit dans les magazines, et que je suis plus connue sur les réseaux sociaux, on me félicite. C'est normal, ça marche comme ça. Il faut travailler fort pour atteindre ses objectifs. On ne le fait pas pour impressionner qui que ce soit. On le fait pour nous, parce qu'on est passionné et motivé.

Ça fait plusieurs années que je développe des projets, que je m'investis à fond dans ma chaîne YouTube et dans tout ce qui l'entoure ! J'entends souvent dire que j'ai de la chance, mais je l'ai créée, ma chance, et j'ai beaucoup travaillé pour arriver là où je suis maintenant. C'est un mélange de persévérance, de patience et surtout, de passion ! Quand on commence un projet, les encouragements peuvent parfois prendre du temps à arriver. Il faut apprendre à s'encourager soi-même et ne pas attendre que les autres nous poussent à continuer. On doit créer sa propre chance parce que, si on ne croit pas en ce qu'on fait, on ne peut pas s'attendre à ce que les autres le fassent à notre place. Il faut être sa propre source de motivation, et c'est ça pour moi, l'ambition. Si on ne se lève pas tous les matins avec l'intention d'atteindre nos buts, ça n'arrivera jamais ! Personne ne peut le faire à notre place. #SpeechDeMotivation101 ;)

· · · · · ·

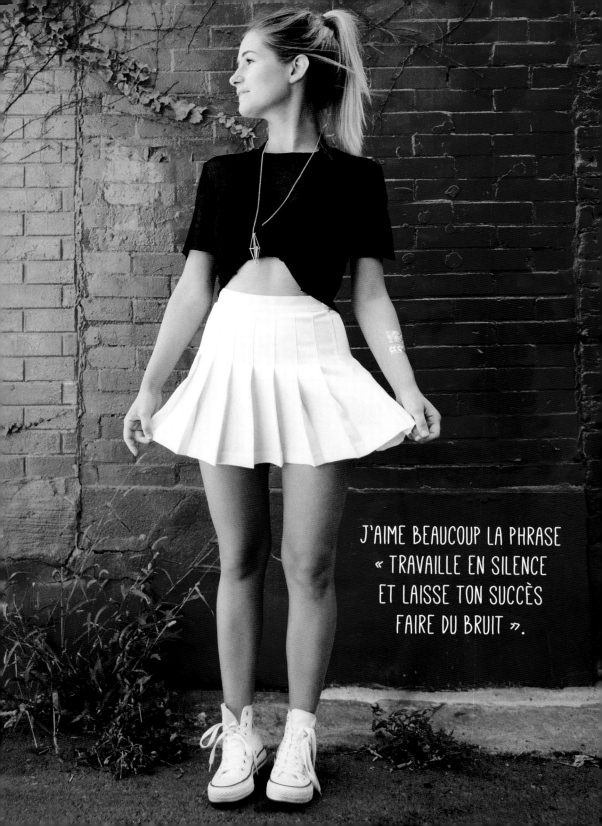

J'AIME BEAUCOUP LA PHRASE
« TRAVAILLE EN SILENCE
ET LAISSE TON SUCCÈS
FAIRE DU BRUIT ».

COMMENT ATTEINDRE SES BUTS (ET POURQUOI) ?

J'aime faire des projets, me tenir occupée, planifier ce que je vais faire demain, dans une semaine, un mois… bref, avoir des plans à long terme ! Les gens ont tendance à penser que je suis toujours emballée et que c'est facile pour moi de me garder active, de me lever le matin et de réaliser tous ces projets. Sur Internet, je montre les bons côtés de ma vie. Dans mes vidéos, je ne parle pas de mes mauvaises journées ou de mes moments de remise en question. Mais des mauvaises journées, il y en a ! Comme pour tout le monde ! ☺

Je ne sais pas toujours où je m'en vais. Ça m'arrive de me demander ce que je suis en train de faire avec ma vie, et de me remettre en question. C'est important de s'arrêter parfois, et de réfléchir à ce qu'on veut faire. De dresser une liste de buts plus ou moins faciles à atteindre, que ce soit en lien avec l'école, le travail, la vie sociale ou amoureuse. Que ce soit par rapport à soi-même (mieux se connaître, être bien dans sa peau, mieux manger) ou par rapport aux autres (être plus présent, plus à l'écoute). Ça peut être banal ou carrément démesuré, comme ambition. Il n'y a pas de limite ! (Devenir président(e), ou juste faire sa vaisselle tous les soirs. HAHA !) C'est la base même de la motivation : être organisé et tout faire pour atteindre ses buts.

Il n'est pas nécessaire de suivre nos résolutions à la lettre, mais ça aide à agir plutôt que d'attendre que les bonnes nouvelles et les beaux projets nous tombent dessus ! Être fier de ce qu'on accomplit, c'est tellement stimulant ! Il faut savoir se récompenser pour les bons coups et le travail acharné.

Je crois qu'être passionné, c'est l'ingrédient numéro un du succès ! Trouvez ce que vous aimez faire dans la vie et faites-en votre métier ! Évidemment, ce n'est pas toujours simple de trouver sa voie. Personnellement, ça m'a pris beaucoup de temps !

Ça sonne quétaine, mais c'est un fait : les gens les plus motivés sont souvent les plus passionnés. Ça va ensemble. Peu importent vos intérêts et vos passions (sport, arts, santé, études, etc.), il faut avoir de la patience et de la discipline.

Il faut s'encourager soi-même ! Lorsque j'ai commencé à tourner mes vidéos, j'allais à l'école sans savoir dans quel domaine continuer. J'avais plusieurs jobs étudiantes, toutes aussi déplaisantes les unes que les autres. Je gardais quand même du temps pour YouTube (souvent la nuit) même si ça ne portait pas encore ses fruits. Même aujourd'hui, j'ai des moments de découragement, mais les dernières années m'ont donné la preuve que ça valait la peine de continuer !

ons ♥ emmanators ♥ emmanators ♥ emmanators ♥ em

COMMENT ATTEINDRE LES BUTS QU'ON S'EST FIXÉS

1

EN DRESSANT DES LISTES
Comme celle-ci !

2

EN ÉTANT DISCIPLINÉ, EN APPRENANT À S'ORGANISER.
Regarder des vidéos d'organisation sur YouTube ;)

3

EN AYANT DES MODÈLES.
Ça m'inspire énormément de regarder ce que les autres accomplissent,
que ce soit des gens dans mon entourage ou des personnalités publiques.

4

EN CONTINUANT MALGRÉ LES ÉCHECS.
Les découragements et les sacrifices... ils ne doivent pas nous arrêter.

10 CHOSES À SAVOIR...

5
EN SE LEVANT TÔT.
Ou en travaillant tard le soir, si on n'est pas très matinal !

6
EN NE PERDANT PAS DE VUE NOTRE PLAN À LONG TERME.
Il faut se rappeler qu'on investit dans notre futur.

7
EN ADMETTANT QUE L'ON N'EST PAS PARFAIT.
Peut-être que votre plan ne fonctionnera pas exactement comme vous l'auriez espéré. Il faut revenir à la case départ et choisir de nouvelles techniques.

8
EN FAISANT DES SACRIFICES !
Ça fait partie des efforts. Par exemple : se coucher tôt, refuser quelques sorties, travailler plus tard que d'habitude.

9
EN PRENANT SOIN DE SOI.
On travaille beaucoup mieux lorsque l'on va bien physiquement et mentalement. Le sommeil, l'exercice, l'alimentation ; ce n'est surtout pas à négliger.

10
EN ALLANT TOUJOURS PLUS LOIN.
Il n'y a rien qui me motive plus que de cocher quelque chose dans ma liste de *goals* et de me dire « *WHAT'S NEXT* ? » ;)

LISTE DE #GOALS...

#1

☐ Être l'héroïne féminine d'un film d'action. #WannabeKatniss

#2

☐ Mettre un pied sur chaque continent... Et publier des vidéos #TravelDiary de mes destinations sur YouTube.

#3

☒ Écrire un livre.

#emma world♥ TOUR

#4

☐ Aller à la rencontre de mes abonnés, où qu'ils soient. #EmmaWorldTour ;)

#5

☐ Faire un câlin à Beyoncé.

#6

☐ Retourner voir la maison de mon enfance, que mes parents ont construite eux-mêmes, en France.

#7

☐ Apprendre à faire du surf, parce que j'aime tellement faire du *skate* et du *snow* !

#8

☐ Donner des conférences sur l'estime de soi et l'ambition à des plus jeunes que moi. #EmmaCoachDeVie HeHe !

#9

☐ Recevoir la plaque du million d'abonnés sur YouTube.

#10

☐ Être invitée dans un *talk-show* pour parler de ma chaîne YouTube et de mes projets.

#11

☐ Avoir ma propre collection de vêtements OU de décoration pour chambres, que j'aurais dessinée moi-même !

#12 MIAM

☐ Réussir à me faire autre chose que des pâtes... Bref, apprendre à cuisiner quoi ! ;)

... À COMPLÉTER AVANT MES 25 ANS

1

EMMA WATSON

Absolument le modèle que j'ai depuis le plus longtemps ! Plus jeune, je la trouvais tellement courageuse et forte en Hermione. ;) Maintenant, je sais que c'est aussi une fille super intelligente ! J'écoute religieusement ses discours sur l'égalité homme-femme. Je l'A-DORE !

2

ANGELINA JOLIE

Elle n'hésite pas à faire le tour du monde pour venir en aide aux gens dans le besoin. Elle a un grand cœur et est consciente des difficultés vécues ailleurs dans le monde. Je trouve qu'elle utilise son succès pour faire une différence et ça m'impressionne !

MES 6 MODÈLES

3

SARAH-JEANNE LABROSSE

J'adore cette fille ! Je trouve qu'elle utilise ses réseaux sociaux pour passer des messages forts et intelligents et j'aime ça ! Saviez-vous que Sarah-Jeanne est ambassadrice de l'événement GRIFF, organisé par la SPCA, qui consiste en un festival de vidéos drôles sur YouTube... DE CHATS ! Cette fille est parfaite ! #OnPeutFaireUnPartyDeCrazyCatLady ?

4

CARA DELEVINGNE

Je trouve qu'elle change le monde du mannequinat. Elle montre sa personnalité, elle est drôle et authentique. Elle ne se prend pas trop au sérieux et... elle aime la pizza !

5

ELIZABETH PLANK

Je suis tombée en amour avec Elizabeth Plank quand j'ai vu sa vidéo : « *Should women's products cost more than men's ?* » sur YouTube. Elle parle beaucoup des droits des femmes, et elle le fait avec humour ! En plus, elle vient de Montréal ! (Mais elle vit maintenant à New York.)

6

JENNIFER LAWRENCE

Je suis fan de KATNISS. OK. Pas juste ça, là. Je l'aime un peu pour les mêmes raisons que j'aime Cara Delevingne. Je trouve qu'elle est authentique, drôle et qu'elle n'a pas peur du ridicule. Elle préfère faire rire plutôt que de bien paraître et je l'adore pour ça !

MES ESSENTIELS

♡ ∘ ♡ ∘ ♡

CEUX QUI ME CONNAISSENT TRÈS BIEN SAVENT CE QUE J'AIME.

Si vous êtes des EMMANATORS#1, il y a probablement plusieurs choses qui se trouvent dans ces pages que vous aurez déjà vues, mais comme moi, vous allez sûrement trouver ça drôle de les voir ailleurs que sur Instagram. Pour ceux qui me connaissent moins, j'espère que vous allez faire de belles découvertes !

Je vais vous présenter les soins pour le visage et pour le corps que vous trouveriez si vous fouilliez dans ma salle de bain (beaucoup de produits LUSH, entre autres). Ensuite, je vous parlerai de maquillage. Même si je ne me maquille pas beaucoup, j'ai quand même quelques essentiels que j'utilise souvent. Puis, si vous voulez faire une soirée spa à la maison, vous trouverez aussi des DIY de produits de beauté, de masques et d'exfoliants qui conviennent à votre type de peau. Il y en a sûrement un parmi ceux que je vous présente qui deviendra votre nouveau PREF pour votre routine beauté !

Et ma partie préférée : la mode. Ma garde-robe déborde, c'est décourageant ! Mes amies Laurence, Delphine et Sarah m'ont aidée pour cette section... vous les verrez dans les photos. Elles ont sorti leurs plus belles tenues pour l'occasion.

J'adore magasiner (ce n'est pas une grande nouvelle pour vous, haha !). Je suis passée par plein de styles quand j'étais plus jeune. Quand je revois des photos de moi avec des jeans « patte d'éléphant »... j'ai un doute ! Haha ! En ce moment, je dirais que je suis très *girly,* mais ça change presque tous les jours ! Je vous laisse regarder quelques-uns des habits qui garnissent ma garde-robe !

• • • • • •

ESSENTIELS SOINS
POUR LE VISAGE ET LE CORPS

1

MÉGA COUP DE CŒUR POUR LES PRODUITS LUSH.
Je les aime tous, surtout les bombes pour le bain
(et particulièrement la fragrance Pied marin).

2

UN EXFOLIANT.
C'est toujours utile pour enlever les peaux mortes. La peau est
si douce après ! Pour moi, c'est un essentiel. Je m'en sers environ
une fois par semaine, pas plus, pour ne pas abîmer ma peau.

3

UN MASQUE.
Je trouve ça drôle de voir ma face toute bleue ! Hihi !
Choisissez-en un adapté à votre type de peau. Personnellement,
je les prends hydratants parce que j'ai tendance à avoir la peau sèche. :(

4

UNE CRÈME HYDRATANTE.
Matin et soir ! Ça fait une différence. Votre peau sera plus saine
et en meilleure santé.

5

UN GEL DOUCHE ET UNE CRÈME POUR LE CORPS.
J'aime tellement ceux qui sentent la pêche !

ESSENTIELS MAQUILLAGE

1

Quand je me maquille, je commence toujours par appliquer mon fond de teint. Pour la vie de tous les jours, j'aime qu'il soit léger (de style BB crème, de L'Oréal) et confortable sur la peau. Comme je l'expliquais dans la section « Mes premiers pas en maquillage » (p. 51), c'est important de choisir la bonne teinte.

2

Une fois le fond de teint bien appliqué, je mets une touche de fard à joues sur mes pommettes. Petit truc pour vous assurer que vous l'appliquez au bon endroit : souriez et passez le pinceau sur le haut de vos joues.

3

J'utilise une pommade (gel) pour remplir mes sourcils et leur donner un effet plus fourni, mieux dessiné. Je trouve que ça donne de la définition au visage. Choisissez la teinte qui vous convient. Conseil : fiez-vous à la couleur de la racine de vos cheveux.

4

C'est vraiment rare que je mette de l'ombre à paupières. Quand je me sens inspirée (après avoir regardé trois ou quatre tutoriels sur YouTube), j'essaie de faire sortir la maquilleuse professionnelle en moi en utilisant des fards à paupières de couleurs naturelles (pour ne pas faire trop de gâchis, quand même… J'évite le bleu et le vert, disons !).

5

Il est maintenant temps d'appliquer mon mascara. Ça agrandit tellement le regard ! Personnellement, je préfère ceux qui allongent les cils plutôt que ceux qui les épaississent.

6

Je réserve mon rouge à lèvres pour les occasions spéciales, je n'en mets pas tous les jours. Quand j'en mets, par contre, je me tourne vers les teintes rouge framboise.

7

Je change de couleur de vernis à ongles au gré de mes humeurs. Les teintes varient aussi selon les saisons (ex. : plus foncées en automne et en hiver, plus pâles au printemps et en été). J'ai une préférence pour les couleurs pastel et toutes les teintes de rose.

MASQUE POUR CALMER LES PEAUX SÈCHES

1. **Ingrédients** • Banane • avocat • citron • miel
2. Couper et écraser la banane à l'aide d'une fourchette.
3. Ajouter un demi-avocat à la mixture.
4. Ajouter 1 c. à soupe de miel et 1 c. à soupe de jus de citron !
   Bien mélanger.

Appliquer et laisser agir pendant dix minutes.

MASQUE POUR TRAITER LES PEAUX GRASSES

1. Ingrédients • Fraises • yogourt nature • miel (miam :P)

2. Couper et écraser une dizaine de fraises.

3. Rajouter 3 c. à soupe de yogourt et mélanger le tout.

4. Il ne reste qu'à ajouter environ 1 c. à soupe de miel
et voilà, le tour est joué !

Appliquer et laisser agir pendant dix minutes.

UN EXFOLIANT QUI RÉVEILLE

1. Ingrédients • Pamplemousse • café • miel
2. Étendre une fine couche de miel sur un demi-pamplemousse.
3. Saupoudrer de café moulu.
4. Enlever le surplus et il ne reste qu'à exfolier ! Peau douce garantie ;)

Frotter doucement la peau pendant quelques secondes,
pas plus, car vous risqueriez de l'irriter !

UN EXFOLIANT BON À CROQUER

1. Ingrédients • Sucre • miel • citron
2. Presser le citron pour en extraire le jus.
3. Ajouter 2 à 3 c. à soupe de sucre.
4. Compléter la mixture avec 1 c. à soupe de miel et mélanger !

Frotter doucement la peau pendant quelques secondes,
pas plus, car vous risqueriez de l'irriter !

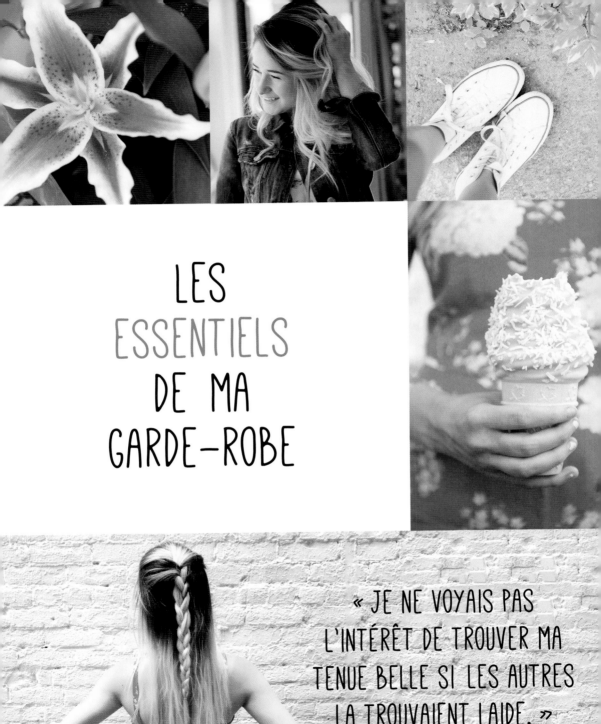

LES
ESSENTIELS
DE MA
GARDE-ROBE

« JE NE VOYAIS PAS
L'INTÉRÊT DE TROUVER MA
TENUE BELLE SI LES AUTRES
LA TROUVAIENT LAIDE. »

SOUVENT, ON SE FIE À CE QU'ON VOIT DANS LES MAGAZINES,

sur Internet ou dans les vitrines de magasins pour décider comment s'habiller. C'est ce que je fais et il n'y a rien de mal à ça, tant que ce style nous ressemble et que ça reste une source d'inspiration (et non une pression ou une obligation !).

C'est important pour moi de porter des vêtements qui me font sentir bien et que je suis à l'aise de mettre en public. Quand j'étais au secondaire, je regardais comment les autres s'habillaient, je copiais leur style et je m'oubliais un peu là-dedans. Je ne voyais pas l'intérêt de trouver ma tenue belle si les autres la trouvaient laide. Je n'avais pas encore trouvé mon propre style et je me permettais rarement de mettre quelque chose qui n'était pas à la mode.

Maintenant, je trouve qu'avoir du style, ce n'est pas forcément porter ce qu'on voit partout, ni les vêtements les plus chers, de marques connues. J'admire les gens qui sortent de leur zone de confort, qui osent des styles différents. Qui, à première vue, sont vraiment *on point* côté vestimentaire, mais quand on y regarde de plus près, sont habillés avec des morceaux trouvés ici et là qui n'ont pas coûté cher. Dans des friperies par exemple ! Ça m'impressionne !

Bref, ne vous laissez pas influencer par les grandes marques ou par les vêtements que vos amis portent. Soyez sûr que vos vêtements sont confortables, à votre goût, que vous êtes à l'aise de les revêtir, c'est tout ce qui importe. Comme tout le monde, je ne dispose pas d'un budget illimité, alors j'ai des priorités. J'aime bien investir dans les chaussures : Converse, Vans, Adidas, c'est mes pref ! ;)

• • • • • •

SPORTY ET COMFY

Si vous me croisez dans la rue, il y a de bonnes chances que je ressemble à ça. C'est un *look* que j'aime beaucoup. Comme vous pouvez voir sur les photos, Delphine et moi, on porte des chaussures confortables et un petit manteau décontracté. On est bien dans ces *outfits*-là. Ça convient à tous types d'activités, et en plus, on trouve facilement ce genre de morceau pour pas cher !

JOURNÉE EN VILLE

Je trouve que cette tenue fait très printemps et *girly* ! C'est une de mes préférées. Et puis, avoir un manteau de jeans dans son garde-robe, c'est un *MUST* ! Je le mets avec plein de tenues différentes. Un petit plus : mon petit agenda rose que je traîne partout avec moi !

PETIT CHAT

Celui-là est vraiment plus *girly*. C'est rare que je mette des bottes à talons hauts. La jupe en jeans est un must, je la porte avec plein d'autres tenues, hiver comme été. Et les oreilles de chat... j'aime beaucoup aussi ! ;)

#OSHEAGA ? ;)

Tenues de festival par excellence. J'aime tellement les détails de ma camisole et le *one-piece* de Delphine est super élégant ! On a mis nos Converse avec ça. #TellementEmmaVerde

AUTOMNE ! :)

C'est l'automne ! Hehe ! J'aime bien les pantalons verts, ça fait différent ! Et les petits bandeaux sur les oreilles pour les journées plus froides... je trouve ça TROP *cute*.

J'ai choisi deux paires de chaussures qui allaient bien avec la tenue, une pour les journées plus chaudes, et l'autre quand ça se refroidit.

BESTIES ♡

Aaahh ! une tenue avec ma *bestie* Laurence. C'est un *look* un peu plus chic que d'habitude (avec des talons hauts, oh là là !). On aime vraiment le résultat et on trouve que nos tenues vont bien ensemble, hihi !

PEACHY

Une casquette, une jupe, un haut simple et des Vans. ; Je mets des shorts en dessous de ma jupe parce qu'on va se l'avouer... elle est assez courte ! Sinon, j'aime tellement les hauts qui laissent voir les épaules ! Je trouve ça très joli !

AU PARC :)

J'aime TELLEMENT la mode des tee-shirt *dresses* ! Il suffit de prendre un haut beaucoup trop long pour soi, et de le porter en robe ! On rajoute quelques accessoires, comme un bandeau, des bijoux et un sac, et le *look* est complet, hehe !

Si vous me rencontrez quelque part un jour, je ressemblerai probablement à ça ! Haha !

PARTAGER

DU
POSITIF

IL Y A QUELQUES MOIS, LILLY SINGH,

une YouTubeuse dont j'ai déjà parlé, a fait une vidéo très inspirante sur un mouvement un peu (très) plate, qu'on appelle le «*girl on girl hate*». J'étais SI fière qu'elle ose faire une vidéo comme ça, car moi aussi je trouve que c'est quelque chose qui est malheureusement PARTOUT autour de nous et dont on ne parle pas assez. En gros, le «*girl on girl hate*», c'est de la compétition fémi-nine. Par exemple, quand des filles parlent entre elles et en dénigrent une autre par rapport à son physique, ses vêtements, ses relations, sa personna-lité, etc. Bref, ça revient à juger quelqu'un sans vraiment le connaître. *Come on*, ça nous est TOUS déjà arrivé. Être en petit groupe, dans l'autobus ou à l'école, et parler tout bas du nouveau copain de telle fille, des photos Instagram de celle-là et de l'*outfit* d'une autre. Ça m'est déjà arrivé en tout cas !

J'ai appris plusieurs choses en devenant «influente» sur les réseaux sociaux. J'ai compris que lorsqu'une fille connue poste une photo d'elle sur Instagram, un *selfie* en maillot de bain parce qu'elle est en vacances, ou encore une photo d'elle sans maquillage, ça ne veut VRAIMENT pas dire qu'elle a confiance en elle tous les jours et qu'elle s'aime comme elle est. Dans mon cas, j'essaie chaque jour d'apprendre à m'aimer un peu plus. Je ne suis pas toujours au *top* de ma confiance et je crois que c'est comme ça pour beaucoup de filles. C'est exactement pour cette raison que lorsque j'ouvre mon compte Instagram, je suis TELLEMENT fière de voir mes amies et mes sources d'inspiration publier des photos d'elles. J'aime voir des filles devenir de plus en plus confiantes et s'aimer comme elles sont. On est toutes différentes, avec ce qu'on aime de nous et ce qu'on aime moins. Et je trouve ça NUL de voir des commentaires méchants et rabaissants. C'est de l'INTIMIDATION, même si c'est à travers un écran. Savez-vous ce que je trouve encore plus nul ? Lorsqu'on regarde de plus près, on constate que ce sont souvent des filles qui écrivent ces messages. Ce chapitre s'adresse donc plus aux filles, mais les gars, vous n'êtes pas forcé-ment à l'abri de ce genre de comportement, et surtout, lorsque vous voyez une situation de «*girl on girl hate*», vous pouvez réagir et aider à stopper ces habi-tudes (donc, lisez-le quand même ! Haha !).

• • • • • •

« ON EST TOUTES DIFFÉRENTES, AVEC CE QU'ON AIME DE NOUS ET CE QU'ON AIME MOINS. »

LA VIE N'EST PAS UNE COMPÉTITION

#GIRL LOVE

Je ne comprends pas d'où vient la compétition que les filles entretiennent les unes avec les autres. Est-ce qu'on essaie de se faire croire qu'on est en contrôle ? Est-ce que ça nous donne confiance en nous de rabaisser les filles qui nous entourent et de critiquer celles qu'on voit dans les médias ? On est peut-être manipulées, aussi, par les films américains mettant en vedette des filles confiantes, populaires et méchantes, comme dans *Mean Girls,* par exemple (mais à la fin… c'est Lindsay la plus *COOL* ;)). Pourtant, la confiance et la méchanceté… ça n'a RIEN à voir !

Je trouve ça triste, mais rares sont celles qui y échappent. C'est un phénomène très (trop !) répandu. Je suis plus consciente des répercussions de cette forme d'intimidation depuis que j'ai ma chaîne YouTube et que je lis les commentaires sous mes vidéos ou celles des autres YouTubeuses. Sur Instagram, ça me fait capoter de voir des filles qui se font rabaisser par leurs abonnées parce qu'elles publient des photos d'elles. Certaines filles taguent leurs amies en ajoutant un commentaire du genre : « Ark ! As-tu vu ses cheveux ?! », « J'aime pas ses sourcils… » ou « Regarde ses fesses, HA HA ! » Je reçois des commentaires comme ça. Croyez-moi, je ne me sens jamais très bien en les lisant. Je préfère les ignorer et ne rien dire, donc ces personnes doivent penser que je n'en ai rien à faire, mais ça fait très mal. J'aimerais que ce ne soit pas le cas, mais mon premier réflexe, ce n'est pas de supprimer le commentaire mais bien de regarder mes cheveux, mes sourcils ou mes fesses pour comprendre le problème. Je n'imagine même pas le cauchemar que ça peut être pour celles qui ont des millions d'abonnées ! Des fois, quand on est tenté de critiquer quelqu'un, il faudrait s'arrêter et prendre un instant pour penser à ce qu'on est en train de faire, se demander pourquoi on le fait

et ce que ça va nous rapporter. Il me semble que nous sommes plus intelligentes que ça. Parler des vêtements de telle fille, du poids de celle-là et des tatouages d'une autre... qu'est-ce que ça change dans notre vie à nous? Lorsque, dans ma vie, il m'est arrivé de parler en mal des autres filles, je me souciais moi-même du regard des gens qui m'entouraient. Aujourd'hui, je pense qu'être gentille, encourageante, sympathique, c'est montrer que l'on a confiance en soi. Beaucoup plus que de faire comme si on était supérieure. On ne cherche pas qui a le plus beau *selfie,* le copain le plus parfait, le plus grand nombre d'abonnés, le plus de succès. La société nous met déjà tellement de pression au quotidien, pourquoi s'en rajouter? Les succès des autres nous confrontent parfois à nos propres échecs, mais si on passait moins de temps à se comparer, on aurait plus de temps pour s'améliorer. La ligne est mince entre l'admiration et la jalousie. Il arrive qu'on rabaisse une personne parce qu'en fait, on envie ce qu'elle a et que nous n'avons pas. Rabaisser une personne dans l'espoir que les autres la trouvent moins attirante? Si c'est l'objectif, ça ne marchera pas. On ferait mieux de se concentrer sur nos propres projets. Et si les autres réussissent mieux que nous, autant s'en servir comme inspiration! ☺ Je suis certaine qu'il y a assez de place sur la terre pour que chaque fille ait du succès dans ce qu'elle entreprend. C'est contre-productif d'essayer de nuire aux autres, c'est mettre notre énergie au mauvais endroit! On est une équipe, on doit travailler ensemble. Critiquer et rabaisser celles qui nous entourent, c'est nuire à notre propre équipe, notre propre « famille ». Il faut être solidaires entre nous, voir les autres filles comme des alliées, et non comme des rivales.

Ça fait tellement du bien de recevoir les compliments et les encouragements des autres, surtout de la part d'autres filles. Ça fait chaud au cœur à tout le monde! Ça nous motive à continuer et à donner le meilleur de nous-mêmes. Remonter le moral des autres nous permet de nous élever aussi. Nous avons besoin d'être bien entourées pour nous sentir aimées et épaulées entre amies.

HEY ♡!
JQ tQ trouvQ
BELLE
Qt
INSPIRANTE!
xx

CONSEILS POUR NE PAS TOMBER DANS LE PIÈGE !

1

CHANGER DE SUJET.

Au secondaire, je ne sais pas combien de fois ça m'est arrivé de rejoindre des amies et de réaliser qu'elles parlaient en mal d'une autre fille. Évidemment, à cette époque, je rentrais facilement dans le jeu et je participais à la conversation. Mais avec le recul, ce que je vous conseille maintenant, c'est de ne pas hésiter à changer de sujet, ou à dire quelque chose de gentil sur la personne. Peut-être que si vous parlez des qualités de la fille qui est visée, vos amies remarqueront plus rapidement la méchanceté de leurs paroles.

2

RÉFLÉCHIR AVANT DE PARLER.

Avant de dire que vous trouvez une fille laide, pensez à la raison pour laquelle vous vous apprêtez à dire ça. Est-ce que c'est constructif ? Est-ce que vous dites ça juste parce que vous n'avez rien d'autre à dire ? Juste pour faire la conversation ? Dans ce cas, vous feriez peut-être mieux de vous taire (LOL). Est-ce que vous dites ça juste parce que vous avez remarqué qu'elle s'entendait bien avec votre copain ? (Ça aussi, ça nous est toutes déjà arrivé, haha !). Dans le fond, peut-être que vous la trouvez belle et que vous êtes jalouse, et que c'est ça qui vous incite à être méchante ? Mais en fait, peut-être que cette fille-là est VRAIMENT gentille et que vous feriez de super bonnes amies ? Bref, réfléchissez à tout ça avant d'être méchante.

3

SE FORCER À COMPLIMENTER QUELQU'UN QU'ON NE CONNAÎT PAS.

Des mots sincères et gentils font du bien. Personnellement, je trouvais ça difficile, car j'avais peur des réactions de l'autre. Je manquais de confiance et je me disais que la personne se foutrait pas mal que je trouve son *outfit* cute ! Mais pour avoir osé plusieurs fois, je peux vous assurer que la personne ne réagira pas mal, au contraire. Ça peut aller d'un commentaire sur son style à des félicitations sur ses bons coups. Maintenant, lorsqu'une autre YouTubeuse fait quelque chose de super *cool*, je n'hésite pas à lui envoyer un message pour la féliciter, ou juste lorsque je croise une autre fille et que je la trouve belle ! Dites-le !

4

NE PAS ALIMENTER LES RUMEURS ET ENTRER DANS LE JEU DE « QUI A DIT ÇA ? QUI A FAIT QUOI ? »

Demandez-vous plutôt comment vous pourriez investir tout ce temps passé à critiquer les autres. Si j'avais mis autant de temps sur mes travaux d'école ou mes loisirs (YouTube, par exemple) qu'à critiquer les autres filles, j'aurais certainement eu de bien meilleures notes ! Haha !

L'ENVERS DU DÉCOR

Comme je le disais au début de ce chapitre, on vit toutes des moments où on manque de confiance en soi. (Genre... même Beyoncé, là !) On traverse toutes des moments plus durs. On sait toutes à quel point c'est difficile de ne pas se sentir assez belle, assez populaire. On ne va pas rajouter du « *girl on girl hate* » par-dessus tout ça !

Concentrons-nous plutôt à partager la bonne nouvelle : **les autres filles sont *AWESOME* ! Finies la méchanceté et les paroles vides.**

L'INTIMIDATION

Dans ce chapitre, un peu dans le même esprit, je voulais aussi parler de l'intimidation. Les moqueries à l'école, les paroles blessantes, mais pas celles qu'on échange discrètement entre filles cette fois. Plutôt celles qu'on lance en plein visage de la personne visée. De l'intimidation, j'en ai aussi beaucoup vu lorsque j'étais au secondaire. Je me considère comme chanceuse de ne jamais en avoir été victime. Je repense à toutes les journées où je me sentais mal dans ma peau, et je réalise que j'aurais trouvé très dur de vivre ça, en plus de moqueries, de blagues méchantes et de paroles déplacées au quotidien.

Je me souviens très bien des moments où j'ai entendu des trucs méchants sur les autres, et les personnes concernées se le rappellent sûrement plus que moi. Ça marque beaucoup plus qu'on le pense, ça laisse des blessures invisibles à l'œil, mais d'autant plus souffrantes... et présentes. Ce n'est pas parce qu'on ne voit pas les cicatrices qu'elles ne sont pas là. Intimider quelqu'un, c'est encore plus nul que de parler dans son dos, parce que la personne visée en a conscience et que les conséquences sur son estime de soi risquent d'être plus graves. Je reçois souvent des messages d'abonnés qui m'expliquent qu'ils n'aiment pas aller à l'école, car ils sont victimes de moqueries et que les autres font des blagues sur eux. Ça me brise le cœur... J'ai l'impression que tout ce que je peux faire, c'est vous donner mes meilleurs conseils ! Rappelez-vous que le

secondaire/le collège, ce n'est pas toute votre vie. Même si en ce moment, vous y passez toute la semaine, c'est seulement une mauvaise période à passer. Personnellement, je ne parle à presque plus personne de mon école secondaire. Mes meilleures amies sont restées, mais tout le monde a pris un chemin différent. Je crois que ceux avec qui j'allais à l'école et que je voyais intimider les autres seraient TRÈS mal à l'aise si je leur parlais de cette époque. Ce n'est pas *cool* de rire des autres, mais ça, on le réalise avec le temps, quand on gagne en maturité. Si vous vous faites intimider à l'école, dites-vous que plus tard… ces gens auront très honte de vous avoir fait subir ça ! Petite anecdote : il y avait un groupe de gars à mon école qui faisait souvent des blagues déplacées sur les filles. Si une de mes amies (ou moi !) arrivait à l'école en jupe, elle se faisait siffler dans le corridor. #ARK ? Ils venaient souvent s'asseoir avec nous, nous parler sans qu'on les ait vraiment invités. Bref, des gars désagréables. Pourtant, tout le monde les trouvait *cool* ! Les autres gars riaient de leurs blagues (pas drôles), et plusieurs filles étaient *IN LOVE*. (*Why, just why ?*) Avec les amies que j'avais à cette époque, je les ai recroisés il n'y a pas longtemps. Je ne pense pas que leurs blagues font autant rire maintenant. Il y a un moment où les gens arrêtent de trouver ça drôle, l'intimidation. Et heureusement parce que… ça ne l'est pas !

TRUCS
POUR FAIRE
FACE
À L'INTIMIDATION

1

CONFIEZ-VOUS À QUELQU'UN EN QUI VOUS AVEZ CONFIANCE, QUE CE SOIT UN(E) AMI(E), VOTRE FRÈRE OU VOTRE SŒUR, UN(E) VOISIN(E)... OU MÊME À VOTRE JOURNAL INTIME.

En parler, ça peut vraiment vous soulager. On n'y pense pas toujours car des fois, la situation nous gêne et on voudrait que personne ne soit au courant. C'est normal de vouloir garder ça pour soi parce que ça fait de la peine, mais si vous en parlez à la bonne personne, ça peut faire toute la différence.

2

REGARDEZ LES VIDÉOS DRÔLES DE VOS YOUTUBEURS PRÉFÉRÉS POUR VOUS CHANGER LES IDÉES.

Quand vous vivez des moments difficiles, les YouTubeurs peuvent devenir vos meilleurs amis sur Internet. Vous pouvez aussi commencer une chaîne YouTube vous-même ! Ça prend TELLEMENT de temps que vous allez être beaucoup trop occupé pour vous soucier des autres. Meilleur projet *EVER* !

3

ADOPTEZ UN ANIMAL DE COMPAGNIE.

Vous ne vous sentirez plus jamais seul ! C'est prouvé, prendre soin d'un animal nous apaise et nous aide à oublier nos soucis. C'est ce qu'on appelle la zoothérapie. Donnez cet argument à vos parents s'ils ne veulent pas avoir un petit Mitaine à la maison !

4

DITES-VOUS HAUT ET FORT QUE CE N'EST PAS DE VOTRE FAUTE, QUE CE N'EST PAS VOUS LE PROBLÈME !

Comme je le disais plus haut, la méchanceté a souvent un lien avec un manque de confiance en soi, un besoin de se prouver. Si vous ne ressentez pas ce besoin, c'est que vous êtes bien plus mature et intelligent que l'autre. Ça ne rend pas la situation plus facile, je sais, mais c'est quand même réconfortant de savoir qu'on est une bonne personne ! Et ne vous en faites pas, ceux qui vous font du tort ne riront pas longtemps !

VOUS NE VERREZ PAS ÇA

SUR

INSTAGRAM

JE SUIS UNE PERSONNE UN PEU *AWKWARD* DANS LA VIE.

J'ai toujours voulu faire une vidéo sur mes moments les plus gênants, mais finalement, j'ai décidé de mettre ces moments de côté pour leur consacrer un chapitre complet du livre. Alors… ce qui est dans ce livre RESTE dans ce livre. On ne met pas ça sur Instagram, *guys* ! (Tsé, j'ai quand même l'air un peu *cool* sur Instagram, on ne gâchera pas ça !) On dit que le ridicule ne tue pas. Une chance… Sinon, je serais morte depuis longtemps, HAHA ! Donc, dans ce chapitre, je mets VRAIMENT mon orgueil de côté pour vous dévoiler des faits croustillants sur moi et des photos vraiment pas flatteuses… C'est peut-être la meilleure raison de lire ce livre ! Ce ne sont certainement pas des choses que vous trouveriez sur Internet, alors *please,* gardez ça pour vous. Hehe !

. . . . . .

QUELQUES FAITS
(PEU GLORIEUX) SUR MA VIE

➡️ Mon repas réconfortant préféré : du Kraft Dinner avec des saucisses. Il est écrit sur la boîte que la recette donne quatre portions, mais ne me sous-estimez pas, je la mange toute seule. MIAM.

➡️ J'annule souvent mes sorties pour regarder Netflix toute la soirée (en mangeant mon Kraft Dinner avec des saucisses, ça va ensemble, haha !).

➡️ Mon plaisir coupable préféré : déguiser Mitaine.

➡️ J'ai l'habitude de détacher le bouton de mon pantalon au resto pour pouvoir manger plus.

➡️ Je ne sais pas nager et quand je vais en voyage, j'ai VRAIMENT peur d'aller trop loin dans la mer. Dès que je ne vois plus mes pieds... je CAPOTE. Je reste donc sur le bord, là où j'ai de l'eau jusqu'aux genoux, en faisant coucou à mes amis qui vont nager plus loin... «Non non, ça va, je suis bien ici !»

➡️ Mon rêve quand j'étais plus jeune, c'était de participer à *Mixmania*. Je ne sais ni danser ni chanter, mais c'était mon ambition #1. Haha !

➡️ Je dépense TELLEMENT d'argent en nourriture. Je suis trop paresseuse pour cuisiner... Les employés des restos autour de chez moi commencent même à me connaître et à savoir quels sont mes choix favoris... C'est vraiment gênant.

MES 8 MOMENTS LES PLUS EMBARRASSANTS

par Emma verde

1 La fois où je suis sortie avec mes amies, qui m'ont convaincue de monter sur le bar (*WHAT* ? Pire idée *EVER*, haha !) pour danser et que j'ai perdu pied en faisant un *move* vraiment niaiseux. J'ai posé le pied dans le vide et je suis tombée en plein visage. Tout le monde sur la piste de danse s'est regroupé en cercle autour de moi. Je voyais des bras qui essayaient de m'aider à me relever, ce que j'avais beaucoup de mal à faire. La classe ! Ce n'était vraiment pas gracieux...

2 Quelques jours après son arrivée chez moi, Mitaine a fait tomber une chandelle sur elle. Elle se léchait sans arrêt. Je ne voulais pas qu'elle mange la cire de chandelle. Je ne savais pas quoi faire alors j'ai appelé le vétérinaire... Il m'a dit de lui couper le poil. Je me sentais vraiment comme une mère indigne ! Elle avait l'air d'un rat ! ☹

3 La fois où j'ai croisé mon *crush* du moment dans l'autobus et que, quand est venu mon arrêt, j'ai remis mon sac à dos sur mon épaule, à l'envers et ouvert. Je ne suis vraiment pas organisée, donc j'ai un peu n'importe quoi dans mon sac. Devoir tout ramasser ce qu'il contenait avec l'autobus en marche n'était vraiment pas agréable. Haha !

J'ai travaillé dans un dépanneur où je faisais les *shifts* de nuit (oui, oui, je vous l'ai dit, ce n'est pas l'emploi dont je garde les meilleurs souvenirs !). Il y avait un bouton d'urgence qui appelait automatiquement les pompiers au cas où il m'arriverait quelque chose. Je pensais que c'était le bouton pour ouvrir la porte aux clients... Imaginez-moi appuyer sur le bouton pour laisser entrer chaque client, pensant que ça leur ouvrait la porte, puis apercevoir quelques minutes plus tard les camions de pompiers arriver à toute vitesse vers le dépanneur... J'ai été renvoyée deux semaines après. Oups.

4

Quand j'ai été engagée dans un magasin de chaussures chic, j'ai voulu faire croire aux filles avec qui je travaillais que je savais VRAIMENT bien marcher avec des talons hauts. Je me suis pété la tête sur le comptoir puis je suis allée mettre mes Converse pour le reste de la journée...

5

Un jour, une mouette a fait caca sur ma tête... alors que je mangeais une crème glacée avec mon *crush*. ☹ Malaise.

6

Dans le magasin de chaussures mentionné plus haut, il fallait souvent grimper dans un escabeau pour aller chercher les boîtes qui étaient trop hautes pour les clients. Un jour, j'étais TRÈS haut dans l'escabeau (genre que tous les clients du magasin pouvaient bien me voir) et une dame a couru de l'autre bout du magasin pour venir me prévenir... La fermeture Éclair de mon pantalon était ouverte. Avec les autres employés, on en a ri longtemps !

7

Un classique : je m'apprêtais à descendre une glissade d'eau dans un parc d'attractions quand mon haut de maillot est resté pris en haut de la glissade... Je ne comprends toujours pas comment c'est arrivé ! Heureusement, mon amie m'a lancé une serviette avant même que tout le monde comprenne ce qui se passait (j'étais encore dans l'eau). #FriendshipGoals

8

Vouloir envoyer un Snapchat vraiment laid à mes amis... et l'envoyer à mon *crush*. Oups ! Au pire, il va voir que j'ai un sens de l'humour TRÈS développé. #Not

Rencontrer en vrai un gars *cute* et faire comme si je n'avais pas déjà *stalké* tous ses réseaux sociaux et que je ne connaissais pas toute sa vie.

Faire un stationnement en parallèle... devant plein de monde... à Montréal... en plein centre-ville. NON, JUSTE NON !

Inviter mes amis qui viennent d'ailleurs pour leur faire visiter Montréal, mais être plus perdue qu'eux... « Non, Emma, les stations de métro Montmorency et Côte-Vertu ne sont pas à côté l'une de l'autre. »

Quand je m'étouffe et que je vois ma vie passer devant mes yeux tellement ça me prend du temps à revenir à la normale. Ouf. On est passé près de la mort !

Me faire demander si je suis malade alors qu'en fait, je suis juste pas maquillée... « Oui, oui, c'est ma face normale ! Je te jure ! »

Me faire *cruiser* quand je suis VRAIMENT pas intéressée. #NonMerci #ByeBye

Ne pas remarquer que quelqu'un me *cruise* et agir beaucoup trop amicalement... jusqu'à ce que je m'en rende compte et m'éclipse discrètement...

Être en train de raconter une histoire et me rendre compte que... personne ne m'écoute. « Est-ce que je vous ai raconté ce que Mitaine a fait hier ? »

#TYPICALEMMA

Argumenter avec toute la passion et tous les efforts du monde avec quelqu'un et me rendre compte que c'est moi qui ai tort. Bye bye, l'ego.

Réaliser que je suis en arrière-plan d'une photo de voyage d'inconnus. #Salut !

Mettre en marche un objet dans un magasin, qui se met à faire le bruit le plus fort *EVER* sans s'arrêter... Il ne me reste plus qu'à partir tranquillement en faisant comme si de rien n'était.

Déclencher l'alarme de sécurité quand je sors d'un magasin. « Je n'ai rien volé OK ? » *Gotta go !*

Répondre : « Merci, toi aussi ! » à la serveuse qui me dit : « Bon appétit » dans un restaurant. Je ne pense pas qu'elle va aller manger avec ses amies...

Avoir un *look* toujours *on point*, mais croiser mon *crush* la journée où je n'ai pas fait d'efforts. *Really* ? Il n'avait pas autre chose à faire, lui ?

Tenter de faire un câlin à mon chat parce que je suis triste et me faire repousser par lui. *Thanks, Mit.*

Courir après le bus et savoir que j'ai l'air stupide, mais comme le prochain passe dans une heure... *Gotta do what you gotta do !*

Sourire en espérant qu'une personne ne me demande pas mon avis parce que ça fait déjà trois fois que je lui dis de répéter et que je ne comprends absolument RIEN de ce qu'elle dit. « Comment avoir l'air intelligent », par Emma Verde.

Me faire solliciter pour donner de l'argent à un organisme alors que je sais que j'ai à peine assez dans mon compte pour prendre le métro. LOL.

Appeler ma banque environ deux fois par semaine parce que je perds toujours ma carte de guichet. #OuiSalutCestEncoreMoi

Stalker quelqu'un sur Instagram et *liker* sa photo d'il y a 183 semaines. *Been there, done that.*

LES ACTIVITÉS

DE TEMPS EN TEMPS, IL FAUT BIEN SORTIR DE CHEZ SOI POUR REMPLIR SON FIL INSTAGRAM.

OK, pas juste pour ça quand même ! Dans notre quotidien, on est souvent pressés, notre vie peut facilement devenir une course contre la montre. On ne prend pas toujours le temps de faire des activités qui nous plaisent vraiment. Mon agenda est tellement rempli ! J'aime vraiment ça avoir un horaire occupé, ça veut dire que j'ai plein de projets. C'est stimulant ! Mais des fois, j'oublie de décrocher et de faire autre chose. Pourtant, c'est TELLEMENT important de trouver du temps pour soi, pour se retrouver en famille ou entre amis.

Dès que je laisse ma liste de choses à faire de côté, je me sens mal. J'ai tendance à dire oui à tout, je prends plein d'engagements. Conséquence : je n'ai plus le temps de rien faire. Apprenez à dire non si on vous propose quelque chose qui vous tente moyennement. Si vous n'avez pas envie d'aller au souper de votre grande tante éloignée (dont vous oubliez toujours le prénom) ou d'accompagner votre ami à une activité à l'autre bout de la ville pour financer son voyage d'aide humanitaire à Tombouctou, vous avez TELLEMENT le droit de vous écouter. C'est une bonne idée de vous fier à la petite voix dans votre tête qui vous dit de refuser. Faites-vous un horaire qui vous convient et surtout, qui vous ressemble. Prenez le temps d'essayer de nouvelles activités, aussi. Je vous en propose plusieurs dans ce chapitre !

• • • • • •

« APPRENEZ À DIRE NON SI ON VOUS PROPOSE QUELQUE CHOSE QUI VOUS TENTE MOYENNEMENT. »

FAIRE DES ACTIVITÉS QUI RAPPROCHENT

Je suis vraiment du genre à organiser des activités. J'adore ça ! Je ne suis pas sportive, mais j'aime aller dehors, profiter du soleil ou juste prendre l'air. Quand j'arrive à me convaincre de prendre une journée de congé (LOL), j'organise souvent des sorties de groupe, comme aller à La Ronde ou au zoo avec des amis. Quand je vais passer quelques jours chez mes parents, il nous arrive souvent d'aller manger au restaurant ou de partir en randonnée. Je cherche toujours de nouvelles choses à faire parce que passer du bon temps avec mes proches, ça me permet de créer de beaux souvenirs avec eux.

Quand j'étais plus jeune, j'avais juste envie d'être avec mes amis, et non avec ma famille. Dès que je le pouvais, je m'enfuyais de la maison. HAHA! Je pense que c'est normal d'avoir une période où on est plus distant avec nos parents, mais si je reparlais à la Emma que j'étais à l'époque, je lui dirais de passer plus de temps avec son papa et sa maman! Faites des activités avec eux, c'est important. Ça rapproche et ça crée des liens.

Dans les prochaines pages, je vous présente plein d'activités à faire en famille. Faites-en la suggestion à vos parents. Peut-être que ça va les inciter à vous proposer d'autres activités de leur côté. En tout cas, je suis sûre qu'ils vont être super contents que vous ayez envie de passer du temps avec eux. En plus, ça vous donnera des points bonus si vous avez besoin d'argent de poche ou avez une demande spéciale à leur faire (par exemple, aller au *party* organisé par votre *crush*! Hehe! ;))

Dans ce chapitre, vous trouverez aussi des activités à faire entre amis. J'étais assez inspirée pour cette section. C'est d'ailleurs mon amie Laurence qui a fait les dessins du chapitre en entier. J'adore sa façon de dessiner! Finalement, je vous fais part de mes suggestions pour une sortie avec votre prochaine *date* avec, en prime, quelques conseils pour vous éviter des faux pas!

BUCKET LIST

12

ACTIVITÉS
À FAIRE
EN FAMILLE

☐ Faire de la randonnée
(marche, raquette, etc.).
#TypicalCanadian

☐ Faire des activités de type
« arbre en arbre » (parcours
d'hébertisme).

☐ Passer la fin de semaine dans
un chalet.

☐ Préparer soi-même une recette
en secret, puis inviter sa famille
à la déguster.

I ♥ FOOD

☐ Jouer à des jeux de société
(celui qui perd fait la vaisselle !).

☐ Aller sur une terrasse et profiter
du soleil.

☐ Faire du tourisme dans
sa propre ville.

☐ Aller faire de la Zumba (c'est une
bonne activité mère-fille).

☐ Se trouver une tradition qui revient
régulièrement (par exemple,
cuisiner des crêpes tous les
dimanches matin).

☐ Jouer au *bowling*.

☐ Faire une partie de Just Dance
(c'est encore plus drôle si vous
dansez mal).

☐ Visiter une nouvelle ville.

BUCKET LIST

☐
Aller au zoo (de Granby, de préférence...
il y a des petits pandas roux ! Hihi !).

☐
Faire un *stand* de limonade (vous gagnerez
de l'argent de poche en même temps).

☐
Glisser en tube sur la neige.

☐
Construire un fort dans la neige.

☐
Faire un pique-nique ou un barbecue dans un parc.

☐
Organiser une soirée fondue.

☐
Faire un marathon de films *Hunger Games.*

 ACTIVITÉS À
FAIRE ENTRE AMIS

☐ Se dorloter avec un spa maison (masques, chandelles et compagnie).

☐ Faire une journée *shopping* + cinéma.

☐ Aller danser.

☐ Essayer des recettes Pinterest.

☐ Redécorer votre chambre (ou celle d'un ami).

☐ Aller voir les animaux à la SPCA.

☐ Faire un *photobooth*.

☐ Faire du camping (même si c'est dans votre cour).

☐ Regarder les films de votre enfance. #ThrowBack

☐ Organiser un événement « échange de vêtements ».

☐ Ranger vos (nouveaux) vêtements.

☐ Aller boire des *lattes* (alerte Instagram).

☐ Assister à des concerts gratuits (ou pas chers), même si vous ne connaissez pas le *band*… Vous découvrirez de nouveaux groupes !

BUCKET LIST

10

ACTIVITÉS À FAIRE AVEC UNE *DATE*

☐ Aller au ciné-parc avec plein de couvertures, d'oreillers et des bonbons aussi !

☐ Faire des pizzas maison.

☐ Faire un feu de camp et manger des s'mores.

☐ Aller patiner.

☐ Aller voir un match de baseball ou de son sport préféré (truc : pour le savoir, *stalker* son Facebook ou son Instagram), ça va l'impressionner !

☐ Passer une journée à la plage (apporter quelque chose à boire et à grignoter).

☐ Faire des biscuits.

☐ Aller au musée (vous aurez l'air cultivé).

☐ Regarder un film d'horreur (prétexte idéal pour faire semblant que vous avez peur et vous coller).

☐ Vous mettre au défi d'apprendre quelque chose qu'aucun des deux ne sait faire (par exemple, préparer des sushis).

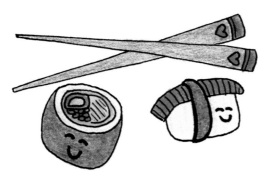

CONSEILS POUR QUE VOTRE *DATE* SE PASSE BIEN

Confession : je suis vraiment nulle en amour. Quand mes amies vont lire cette section, elles vont me texter en disant : « Toi, donner des conseils pour les *dates* ? » Je les vois déjà venir. Mais j'ai quand même décidé de partager avec vous mes meilleurs trucs. Vous avez le choix de les suivre, à vos risques et périls ! ;)

Choisissez une activité dans laquelle vous vous sentez un minimum à l'aise pour ne pas être trop déstabilisé et pouvoir vous concentrer sur votre *date*. Par exemple, si vous êtes *girly* comme moi, n'allez pas faire un après-midi de paintball. On veut quand même avoir l'air en contrôle de la situation ! ;) (Une Emma tout en sueur couverte de poussière en train de débouler les escaliers dans sa petite robe rose... pas très *glamour* !)

N'invitez SURTOUT pas vos amis s'ils ont tendance à raconter des trucs gênants. *« Hey Emma ! Te souviens-tu de la fois où la mouette t'a fait caca sur la tête ? »* LOL, non merci ! Haha !

Restez vous-même. N'inventez pas d'histoires et ne racontez pas de mensonges. Par exemple, si la personne est vraiment sportive et que vous ne l'êtes pas, n'hésitez pas à le dire au lieu de faire semblant que vous aussi, vous vous entraînez tous les jours et que vous êtes une pro du basket ! C'est TELLEMENT mon genre de faire ça et de me dire qu'au pire... j'aurai juste à devenir sportive pour que mon mensonge passe bien ! Mais non... ça ne marche pas comme ça, haha !

« RESTEZ VOUS-MÊME.
N'INVENTEZ PAS D'HISTOIRES
ET NE RACONTEZ PAS
DE MENSONGES. »

QUAND ON EST #FOREVERALONE

Évidemment, le titre, c'est une blague. Je n'ai aucun problème à être seule. Quand je passe trop de temps en compagnie des gens, je ressens le besoin de m'isoler et de me retrouver dans mon chez-moi. C'est important d'avoir des activités qu'on aime et qu'on fait pour soi, pour se relaxer. Ça nous coupe du travail, de la vie sociale pour quelques instants. Personnellement, ça me redonne de l'énergie et me permet de réfléchir.

Ça dépend sans doute de notre type de personnalité. Certains aiment être toujours entourés, d'autres sont plus solitaires. Moi, je suis un peu des deux. Des fois, je préfère rester seule chez moi plutôt que d'aller faire la fête avec mes amies. Je me suis toujours trouvé un peu grand-mère à cause de ça, mais je pense que si vous êtes comme moi, il n'y a pas de complexe à se faire, ça fait partie de votre personnalité. Le plus important, c'est de se respecter et de s'entourer de gens qui vous comprennent.

BUCKET LIST

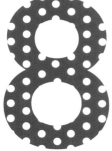

ACTIVITÉS QUE
J'AIME FAIRE SEULE

☐ Colorier des mandalas ou faire des dessins.

☐ Lire dans mon lit ou sur mon balcon quand il fait beau.

☐ Prendre un bain avec des produits LUSH.

☐ *Scroller* Tumblr à l'infini avec un bon thé.

☐ Regarder Netflix pendant des heures.

☐ Faire du ménage et organiser mon espace (oui, je vous jure, ça me met de bonne humeur).

☐ Prendre le temps de me cuisiner un bon repas (chose que je ne fais pas assez souvent).

☐ Aller marcher en écoutant de la musique.

2 802 photos, 403 vidéos.

LE BONHEUR

ON ME DIT SOUVENT QUE J'AI L'AIR DE BONNE HUMEUR, QUE JE SUIS PÉTILLANTE, SOURIANTE.

C'est sans aucun doute le commentaire qui revient le plus souvent sous mes vidéos. Quand je demande à mes abonnés pourquoi ils me suivent, ils me répondent que mes vidéos les rendent joyeux. Ça me fait vraiment plaisir parce que j'aime voir les gens autour de moi heureux. Je trouve important de mettre de la joie dans la vie des autres, de créer une atmosphère agréable où tout le monde se sent bien. Évidemment, moi aussi j'ai des mauvaises journées où je suis juste découragée par la vie, mais être une personne positive et chercher à voir le bon côté des choses, ça peut vraiment aider dans la vie en général. Ça fait en sorte que les gens ont du plaisir à vous côtoyer. Vous n'avez pas envie d'être cette personne désagréable que tout le monde fuit !

On a tendance à penser que le bonheur, c'est quelque chose de super compliqué à atteindre, mais au fond, ça commence par de petites choses simples. Dans les prochaines pages, je vous dévoile une liste de ce qui me rend heureuse au quotidien, par exemple, chanter (OK, crier...) debout sur mon lit avec ma brosse à cheveux en guise de micro. Par contre, ça ne rend pas Mitaine très heureuse... elle est un peu effrayée, en fait. Comme quoi le bonheur, c'est relatif ! ;)

Dans ce chapitre, je vous parle aussi de mes émojis préférés, des moments où j'ai été la plus heureuse, de mes trucs pour être plus positive, puis je vous explique pourquoi c'est correct (et tout à fait normal !) d'avoir des journées plus grises. Vous allez voir que des moments où je me suis sentie découragée, il y en a eu ! Finalement, je finis en vous donnant des trucs pour faire le ménage dans votre vie.

• • • • • •

« JE TROUVE IMPORTANT DE METTRE
DE LA JOIE DANS LA VIE DES AUTRES,
DE CRÉER UNE ATMOSPHÈRE
AGRÉABLE OÙ TOUT LE MONDE
SE SENT BIEN. »

20

CHOSES QUI ME RENDENT HEUREUSE AU QUOTIDIEN

1

Écouter la pluie tomber quand je suis dans mon lit.

2

Faire un câlin à Mit.

3

Regarder ma série préférée.

4

Faire des biscuits avec une boisson chaude durant une journée froide d'automne… en mangeant plus de pâte avant la cuisson que de biscuits !

5

Jouer à Just Dance.

6

Chanter (crier) avec ma brosse à cheveux toute seule dans mon appart et la musique à fond !

7

Sentir le sable chaud entre mes orteils quand je marche sur la plage.

8

Envoyer ou recevoir des *GIFS*… ça me fait vraiment rire.

9

Déguster ma première crème glacée de l'année.

10

Faire des siestes.

11

Prendre une journée de congé pour faire un marathon de films.

12

Me désabonner de quelqu'un qui m'énervait vraiment sur Facebook.

13

Avaler la première bouchée de mon repas quand j'ai vraiment faim.

14

Sentir le soleil qui chauffe ma peau.

15

Manger les pâtes carbonara de mon papa (mon repas favori !).

16

Choisir mes tenues pour un festival. #PenserInstagram, haha !

17

Réaliser que les Lucky Charms sont en rabais quand je fais mon épicerie.

18

Savourer ce moment de calme quand je suis dans une montagne russe, juste avant que le wagon dévale la pente la plus abrupte.

19

Entendre ma chanson préférée qui passe à la radio quand je suis dans un lieu public ou en auto.

20

Revoir une personne que je n'ai pas vue depuis longtemps et la serrer très fort dans mes bras.

MA VIE EN ÉMOJIS

L'ange !

Quand je veux avoir l'air vraiment sage et à mon affaire.

Le diable

Quand je prépare un plan ou que j'ai une idée derrière la tête.

Le chat-Bisou ♡

Les émojis de chat, c'est clairement mes préférés. J'utilise rarement les autres, à moins qu'ils aient quelque chose de spécial.

Le nerd

J'ai l'impression qu'il me donne un air intelligent, mais pas trop intello, parce qu'il a quand même l'air un peu niaiseux avec ses dents sorties. C'est tout à fait moi !

Le lover !

Cet émoji fait partie de toutes mes journées. Je trouve toujours quelque chose de *cute* qui mérite un émoji avec des cœurs dans les yeux ! C'est celui que j'envoie à mes amies peu importe ce qu'elles me racontent.

Celui avec la langue sortie

Je trouve qu'il a l'air d'avoir faim, comme moi, tout le temps. On se comprend, lui et moi. Je l'utilise souvent avec un émoji de beigne. C'est une combinaison gagnante !

Le singe sur son derrière.♡

Juste parce qu'il me fait rire, assis sur ses petites fesses, la tête tournée vers nous. Je le trouve TROP drôle.

Le chat triste !

Quand je suis triste ou que je veux faire pitié. Je sais qu'il existe le même en version humaine, mais je m'identifie plus au chat, haha ! Il faudrait vraiment être sans cœur pour dire non à un chat qui pleure ! L'art de prendre les gens par les sentiments...

DES MOMENTS OÙ J'AI ÉTÉ VRAIMENT HEUREUSE

LE JOUR OÙ J'AI ATTEINT LES 10 000 ABONNÉS

Ça ne faisait pas longtemps que j'étais sur YouTube, et ça m'a vraiment prise par surprise parce que ça montait sans que je m'en rende compte. Je ne surveillais pas vraiment le nombre d'abonnés, j'étais trop occupée avec le cégep et mon emploi à temps partiel au magasin de chaussures. Une journée où je travaillais, je suis allée prendre ma pause avec mon amie qui était employée au magasin de bonbons. En descendant les marches vers les restos du centre commercial pour aller chercher mon sandwich, je me suis connectée sur YouTube et j'ai vu sur ma chaîne des commentaires qui annonçaient que j'avais atteint les 10 000 abonnés. Je l'ai dit à mon amie, on s'est mises à crier comme deux hystériques. Les clients du centre commercial ne comprenaient pas ce qu'il y avait

de si palpitant sur l'écran de mon téléphone. Ce qui m'a rendue le plus heureuse, c'est de lire vos messages de félicitations. Je n'étais tellement pas habituée de recevoir autant d'amour, j'essayais de répondre à chacun d'entre vous. C'était vraiment une belle journée, je m'en souviens encore comme si c'était hier !

NOËL EN FAMILLE

J'adore cette fête ! Un de mes moments préférés dans l'année, c'est quand je suis dans l'autobus avec mes gros bagages en direction de Sherbrooke et que je m'apprête à passer une semaine complète chez mes parents (alors qu'habituellement, j'y vais seulement deux ou trois jours). Tous les Noël que j'ai passés en famille avec mes parents, mon frère et ma sœur font partie de mes plus beaux souvenirs parce qu'on est vraiment bien entre nous dans la maison familiale. On a nos petites traditions (comme aller choisir notre sapin ensemble dans la forêt) et nos activités préférées, on déguste des repas que mes parents aiment cuisiner et qu'on fait tout le temps. Le foyer est toujours allumé, on enfile nos pyjamas confortables, on joue à des jeux de société en buvant des chocolats chauds et en flattant Gratouille, notre chat ! Hihi ! ☺

LE JOUR OÙ J'AI ADOPTÉ MIT

C'était inévitable : Mit devait ABSOLUMENT figurer dans mes meilleurs moments, surtout qu'il reste peu de pages à ce livre, je profite donc de cette section pour en parler une dernière fois, HAHA ! Je me souviens que j'avais passé une mauvaise journée à l'école dans le programme

que je n'aimais pas. J'avais déjà fixé un rendez-vous en soirée pour aller chercher Mitaine. J'étais super énervée, j'avais déjà tout acheté. Ça peut avoir l'air niaiseux, mais j'ai vraiment passé une belle soirée avec elle, même si ça n'avait pas l'air réciproque parce qu'elle n'arrêtait pas de retourner se cacher. Pourtant, je lui avais acheté plein de gâteries et de jouets (que j'avais passé la semaine à choisir minutieusement à l'animalerie) ! J'avais dépensé beaucoup trop d'argent pour ça... dont des bols gigantesques en forme de poisson sur lesquels elle devait grimper pour atteindre sa nourriture tellement ils étaient gros. J'étais carrément gaga (et je le suis encore, d'ailleurs) ! #NoShame

QUAND J'AI DÉMÉNAGÉ DANS MON PREMIER APPARTEMENT TOUTE SEULE

C'était le premier janvier 2016, une période pendant laquelle ce n'est pas très facile de déménager à Montréal, au plus fort de l'hiver. Mon entourage m'a beaucoup aidée, beaucoup plus que je ne m'y attendais. Même si c'était le jour de l'An et qu'il faisait tempête, mes amis et mes parents ont fait la route de Sherbrooke à Montréal pour me filer un coup de main. Mes amis montréalais sont venus m'aider à m'installer dans les jours qui ont suivi. Je me suis sentie hyper bien entourée, ça m'a fait chaud au cœur. Une de mes amies m'a même apporté un bouquet de fleurs pour mettre de la couleur et de la vie dans ma cuisine quand tout a été terminé. S'il y a quelque chose qui me rend heureuse, c'est de savoir qu'il y a des gens sur qui je peux compter, alors cette journée-là, j'étais vraiment comblée !

1

S'occuper l'esprit pour ne pas laisser les pensées négatives nous envahir. Quand ça ne va pas, sortez prendre une marche, lisez un livre… ou distrayez-vous de n'importe quelle autre façon !

2

Ne pas prendre les réseaux sociaux trop au sérieux. N'oubliez jamais que la vie a toujours l'air plus belle avec un filtre (voir le chapitre : « Quand Instagram prend trop de place »).

3

Ne pas se prendre trop au sérieux. On est tous humains, on fait des erreurs, vaut mieux en rire qu'en pleurer. :)

4

Se lever tôt. C'est difficile, mais on est toujours plus productif et on se sent de meilleure humeur.

5

Ne pas s'acharner contre soi-même. Quand ça ne va pas comme prévu, trouver des solutions au lieu de focaliser sur le négatif.

6

Se fixer des buts (voir le chapitre : « L'ambition »).

7

Sourire. Ça peut avoir l'air naïf, mais ça fonctionne. C'est psychologique, ça aide à se sentir mieux et c'est contagieux, alors souriez le plus possible pour faire sourire les gens autour de vous.

8

S'entourer de personnes positives, motivantes et inspirantes. Nos proches influencent notre humeur. On aura beau être super positif, si tout le monde qui nous entoure est négatif, ça aura forcément un impact sur votre vie… et certainement pas pour le mieux !

MES 8 TRUCS POUR ÊTRE PLUS POSITIVE

C'EST OK DE NE PAS TOUJOURS SOURIRE !

Je vous ai beaucoup parlé de bonheur jusqu'à présent. On vit dans une société qui valorise le bonheur. On nous répète toujours que c'est super important d'être heureux, de sourire, d'être positif, mais je sentais le besoin de remettre les choses en perspective en vous rappelant qu'on vit tous des moments difficiles, des épreuves qu'on ne peut pas contrôler, qui nous chamboulent.

C'est impossible d'être heureux tous les jours, en tout temps. Je crois que ce qui importe vraiment, c'est de prendre le temps de vivre sa peine, sa colère, pour éviter que le poids reste sur nos épaules indéfiniment. Il faut apprendre à se relever quand on en a la force. On ne doit pas faire comme si de rien n'était et que tout allait bien, ça ne réglera pas le problème. L'enfouir ne le fera pas disparaître, il refera surface tôt ou tard, de toute façon. Alors ne vous empêchez surtout pas d'aller mal ! C'est juste normal.

Personnellement, quand je ne vais pas bien, on dirait que j'ai toujours peur d'en parler autour de moi. Peur d'être fatigante, ou que les gens ne s'intéressent pas à mes problèmes. Ça ne m'apporte jamais rien de positif d'agir ainsi parce qu'en m'isolant, j'accumule le négatif et quand je finis par en parler, ça déboule pendant des heures et ça prend des proportions démesurées. Tout sort en même temps, je m'exprime mal, je saute du coq à l'âne en pleurant, si bien qu'on ne comprend rien à ce que je dis ! Si j'en parlais dès le début, un peu à la fois, ça ne prendrait pas cette ampleur-là. Les soucis ont l'air beaucoup plus gros quand ils sont déballés tout d'un coup. Nos proches peuvent nous aider à relativiser les choses et à nous faire comprendre que tous les problèmes se règlent, que nous allons passer par-dessus. Ils peuvent aussi nous raconter une situation similaire qu'ils ont vécue et dont ils ont réussi à se sortir. Bref, il ne faut pas hésiter à se confier !

10 CHOSES QUE JE FAIS QUAND JE SUIS DÉPRIMÉE

1
JE VAIS COURIR EN ÉCOUTANT DE LA MUSIQUE DÉPRIMANTE.
(Comme si ça allait régler quelque chose..!)

2
JE MANGE DES BEIGNES.

3
J'ALLUME MA CHANDELLE PRÉFÉRÉE DE BATH & BODY WORKS.

4
JE ME FAIS LES ONGLES.
(Même si je suis vraiment nulle et qu'il y a toujours du vernis qui dépasse.)

5

J'ÉCOUTE UNE ÉMISSION DANS LAQUELLE IL Y A PLEIN DE *DRAMA*

(par exemple *Gossip Girl*), qui me fait oublier mes propres problèmes.

6

JE FERME MON TÉLÉPHONE

pour ne pas recevoir de textos, d'appels ou de courriels urgents dans un moment où je ne vais pas bien.

7

JE PRENDS UNE LOOOOOOOOOOOONGUE DOUCHE

avec de l'eau bien chaude. Je ne connais rien de mieux pour me vider la tête !

8

JE VAIS ME PROMENER EN VOITURE AVEC UNE AMIE,

les fenêtres ouvertes, pour parler de tout et de rien.

9

J'ÉCRIS TOUS MES PROBLÈMES SUR UNE FEUILLE DE PAPIER.

Je vous conseille de le faire aussi. Vous vous rendrez compte qu'ils sont moins effrayants et qu'il y en a moins par écrit que dans votre tête.

10

JE ME FAIS UN MASQUE DE BEAUTÉ

(voir le chapitre « Mes essentiels »).

LES MOMENTS OÙ J'AI ÉTÉ LE PLUS DÉCOURAGÉE DE MA VIE

Vous ne le savez peut-être pas, mais Mitaine n'est pas mon seul chat. J'ai aussi Gratouille, qui habite chez mes parents et que nous avons adopté dès notre arrivée au Québec. C'est mon père qui m'en a fait la surprise parce que je parlais depuis longtemps d'avoir un animal de compagnie. Sa présence m'a vraiment fait du bien les premiers temps à Sherbrooke, quand j'avais un peu de mal à m'intégrer et à m'adapter à ma nouvelle vie. Il est devenu un compagnon précieux, je ne pouvais plus m'en passer.

L'été de mes 14 ans, Gratouille s'est sauvé... Ça nous a pris un certain temps avant de remarquer sa disparition parce qu'il sortait souvent pour revenir plusieurs heures, voire plusieurs jours, plus tard. Cette fois, il a disparu durant deux longs mois. Chaque jour, je me promenais dans le quartier à sa recherche, j'avais même prévenu les voisins et fait des affiches pour annoncer sa disparition. J'étais au DÉSESPOIR. Tout l'été, j'ai fait des démarches pour le retrouver. Je pense que je n'avais jamais été aussi motivée par un projet. Toutes mes activités tournaient autour de mes recherches. Si on allait à l'épicerie, je m'arrangeais pour passer à des endroits où il aurait pu se trouver, je fouinais partout, même sur le terrain des voisins, qui devaient être écœurés de m'entendre crier son nom ! J'ai fini par l'apercevoir dans la cour arrière de gens qui nous avaient dit l'avoir croisé à quelques reprises. J'ai réussi à l'attraper, à le mettre dans sa cage rose et à le ramener à la maison. J'étais fière de moi de ne pas avoir perdu espoir. Je SAVAIS qu'il finirait par revenir... Il n'avait pas le choix de toute façon, HAHA ! Je pense que cette anecdote peut s'appliquer à toutes sortes de situations. Il faut se montrer patient et s'organiser pour atteindre ses buts, malgré le découragement.

meow ♥
meow

La prochaine anecdote ne fait pas référence à un moment précis, mais plutôt à un état d'esprit et à des circonstances qui reviennent un peu trop souvent. Chaque fois que je pense terminer ma vidéo et la publier très tard (vers 1 h du matin, disons) et que mon ordinateur plante, que la connexion Internet est mauvaise ou que YouTube bogue et que je dois rester éveillée pour la mettre en ligne à une heure impossible, ça me décourage! Surtout si j'ai à me lever tôt le lendemain... pour un autre projet (comme ce livre!). Mais une fois que la vidéo est en ligne et que je commence à recevoir vos commentaires, je suis tellement excitée que je n'arrive plus à dormir! J'oublie instantanément la fatigue. C'est la récompense de mon travail acharné.

Quand j'étudiais en mode et que je me suis rendu compte que ce programme n'était vraiment pas fait pour moi, ça m'a fait l'effet d'une douche froide. J'étais comme paralysée, je n'avais plus envie de rien, je n'allais plus à mes cours. Je ne me suis même pas présentée aux examens de ma première (et dernière!) session. Je ne comprenais rien à la matière enseignée en classe, ça ne m'intéressait pas. Tout le monde était plus motivé que moi, alors j'ai décidé de ne tout simplement pas y aller, de peur de n'avoir rien à écrire sur ma copie d'examen.

Je suis restée chez moi. Mes profs m'envoyaient des courriels pour savoir où j'étais, mais je les ignorais. Je n'ai jamais répondu. Mon manque de motivation était la preuve que je n'étais pas à ma place parce que ce n'est vraiment pas mon genre d'agir ainsi. C'était dur pour mon estime personnelle : je me trouvais vraiment lâche. Après coup, je réalise que c'était la bonne chose à faire parce que je n'étais pas heureuse dans ce programme qui ne me convenait pas. Abandonner m'a permis de me consacrer à des projets qui me stimulaient réellement.

Ça fait drôle d'écrire ça, car ce projet n'est pas encore fini, mais comme j'en suis à la toute fin, je me permets de vous en glisser un mot... Pendant l'élaboration de ce livre, j'ai vécu plusieurs moments de découragement. Par exemple, il y a un jour où je devais remettre mes *doodles* à la designer graphique en même temps que la révision de certains chapitres, tout en prévoyant mes vêtements pour le prochain *shooting* photos et en gérant mes amies, beaucoup trop énervées d'y participer. Laissez-moi vous dire que cette semaine-là, ma vidéo du dimanche a été retardée ! Dans les moments comme ceux-là, je prends un instant pour respirer, dresser une liste des choses à faire et les accomplir, une à la fois.

FAIRE DU MÉNAGE DANS SA VIE

Quand ma vie va trop vite, que tout est désorganisé, que je ne sais pas où je vais ou que je traverse une période difficile, j'aime m'arrêter pour prendre le temps de réfléchir à ce que je pourrais changer pour que ça aille mieux... Que ce soit mon mode de vie, ma façon de travailler ou les relations que j'entretiens, j'aime me remettre en question pour m'assurer que je prends les bonnes décisions.

J'ai envie de partager avec vous quelques trucs pour faire le ménage dans votre vie et remettre de l'ordre dans vos idées.

Éliminez les relations toxiques qui ne vous apportent que du mauvais. Les gens qui chialent tout le temps et qui dégagent des énergies négatives nuisent à votre bien-être. C'est normal d'être à l'écoute de ses amis quand ça va mal, mais si vous sentez qu'ils ne vous parlent que de leurs problèmes et ne font pas les efforts nécessaires pour aller mieux, vous vous rendez service (à vous-même et à la personne concernée) en prenant vos distances. C'est important d'être 100 % soi-même avec ses amis et d'entretenir des relations agréables. Si vous fréquentez quelqu'un qui vous tire toujours vers le bas, apprenez à lâcher prise. Ne vous sentez pas coupable de vous éloigner.

Le point précédent vaut aussi pour les relations amoureuses, pas seulement amicales. Si vous sentez que votre copain (ou votre copine) vous apporte plus de stress que de bonheur, prenez vos jambes à votre cou et courez ! Bon, j'exagère (un peu), mais posez-vous des questions. Dans la vie, on change, les autres aussi, alors c'est parfaitement sain de se questionner, à un certain point. Suis-je encore aussi bien qu'avant avec cette personne ?

Si la réponse est non, une décision s'impose. Il ne faut pas baisser les bras trop vite, mais on ne doit pas non plus rester dans une situation inconfortable par habitude ou par peur de blesser l'autre.

Faites du ménage, littéralement. Ça fait du bien de mettre de l'ordre dans son environnement. On se sent toujours plus libre après s'être débarrassé d'objets qu'on n'utilise plus ou de trucs encombrants. S'il s'agit de vêtements que vous ne portez pas, donnez-les à un organisme de charité, ils pourront servir à d'autres. Faites la même chose pour les livres, les meubles, accessoires, etc. Éliminez la paperasse inutile, les bidules qui traînent un peu partout et accumulent la poussière. Ça épure l'espace et ça laisse de la place pour du nouveau. Quand ce sera fait, vous vous sentirez beaucoup mieux. Et dites-vous que vous pourrez vous récompenser en allant magasiner! HAHA!

Rangez votre casier à l'école, vos cartables et vos devoirs. Ça ne dure jamais longtemps, mais sur le coup, ça fait du bien! Pareil pour votre ordinateur: classez vos documents, vos photos. Vous vous y retrouverez bien plus facilement.

Prenez des moyens concrets pour vous débarrasser de vos mauvaises habitudes. Si vous vous rongez les ongles, par exemple, mettez du vernis à ongles. Non seulement ça goûte mauvais, mais vous n'aurez pas envie de gâcher votre manucure!

QUAND

INSTAGRAM

PREND

TROP DE PLACE

BON, JE VAIS COMMENCER CE CHAPITRE EN AYANT L'AIR D'UNE PETITE GRAND-MÈRE. ATTENTION !

Quand j'étais plus jeune, Instagram n'existait pas. Snapchat et Ask non plus, d'ailleurs. Ça va peut-être vous surprendre, mais je suis vraiment contente d'avoir vécu ma jeunesse sans réseaux sociaux (bon, j'ai encore plus l'air d'une mamie). Et pourtant, sans vouloir me vanter (lol), je suis une PRO là-dedans. Quand mes amis ont des questions sur une nouvelle application, c'est toujours vers moi qu'ils se tournent. Ils disent : «Oh, on va demander à Emma, elle doit savoir ça !» Je suis quand même fière ! Haha ! Mais je pense qu'au secondaire, je n'aurais pas vu Instagram et compagnie de la même façon. On s'entend que ce qu'on voit là-dedans, c'est ASSEZ PARFAIT, merci ! De grands sourires, des voyages de rêve et des couples qui semblent ne jamais avoir de problèmes... Être bombardés par autant d'images impeccables, ça nous fait réévaluer notre vie. Forcément, on se compare. Je voulais vraiment faire un chapitre sur l'obsession des réseaux sociaux parce que je trouve que c'est un phénomène de plus en plus présent et qui ne va pas en s'améliorant. Quand tout ce que je vois en passant trop de temps en ligne, c'est des vies dorées dans des lieux paradisiaques, je me demande à quel point ça m'aurait affectée au secondaire. Non mais, ma vie à moi aurait eu l'air ennuyante à côté de celle de ces couples qui semblent sortis tout droit d'un magazine, de ces photos de plages et de ces longs cheveux blonds ! OK je blague, mais honnê-tement, je crois que ça m'aurait poussée à me remettre en question.

On me répétait souvent lorsque j'étais plus petite de ne pas me comparer aux filles dans les magazines. On m'a rentré dans la tête que ces mannequins étaient retouchées sur Photoshop et que personne ne ressemblait à ça dans la vraie vie. Et je pense que maintenant, tout le monde l'a bien compris. Sauf que, Instagram est plus accessible que Photoshop. Tout le monde est capable de publier une photo, et je pense que le plus grand danger est là. Ce n'est pas juste un outil dont on se sert dans le milieu de la mode, c'est quelque chose qu'on peut utiliser nous-mêmes. On épie les comptes des autres, on se pâme devant des *selfies* plus que parfaits, des teints bronzés, des cils qui vont jusqu'au ciel et, à cause de cette absence totale d'imperfections, c'est facile de tomber dans le piège et de se demander pourquoi nos photos ne ressemblent pas à ça.

• • • • • •

« ÊTRE BOMBARDÉS PAR AUTANT D'IMAGES IMPECCABLES, ÇA NOUS FAIT RÉÉVALUER NOTRE VIE. FORCÉMENT, ON SE COMPARE. »

#goals?

Quand je rencontre une fille TROP belle, je dis toujours qu'elle est *goals*, mais ça veut dire quoi, au fond ? Je trouve ça *cute* quand vous écrivez ça sous mes photos et mes vidéos parce que je vois le compliment derrière le commentaire, et moi-même j'utilise cette expression une fois de temps en temps ! Je crois par contre qu'il ne faut pas prendre cette expression trop au sérieux. Il n'y a pas un visage *goals,* des cheveux *goals* ou un corps *goals*. On a chacun notre visage, nos cheveux et notre corps, et c'est parfait comme ça ! Pourtant, c'est un mot qui revient tellement souvent sur les réseaux sociaux !

Je trouve ça nul, même si je sais qu'on le dit juste comme ça, à la légère, mais c'est quand même une expression qui signifie que si je pouvais changer, je voudrais être plus comme elle et moins comme moi, alors qu'en fait, ce n'est pas comme ça qu'il faut penser ! Vous êtes parfaits comme vous êtes ! Et je crois que c'est quelque chose à se mettre dans la tête avant d'aller s'en mettre plein la vue sur Instagram. On ne peut pas laisser une application nous dire ce qui est attirant et ce qui ne l'est pas. On a tous notre vie, notre métier, nos relations, notre physique. On est tous différents et je crois que de vouloir tout changer, c'est premièrement irréalisable (on ne peut pas avoir la vie de quelqu'un d'autre du jour au lendemain !), et c'est surtout difficile pour le moral. Quand on se compare à ce qu'on voit sur les réseaux sociaux, on se crée encore plus de complexes. Quand j'étais plus jeune, je n'avais déjà pas beaucoup d'assurance, donc je pense que de voir tout ça m'aurait encore plus mélangée à propos de qui je suis. J'aurais probablement pris mon téléphone et essayé de reproduire des photos qui prouvent à tout le monde que je suis vraiment *cool* sur Instagram, comme si ma vie en dépendait, comme si c'était vraiment important que tout le monde sache que j'ai une vie excitante et que mes *selfies* sont parfaits. J'aurais probablement voulu avoir le plus de *likes* possible aussi, car je sais que lorsqu'on a

moins confiance en soi, on cherche l'approba-tion des autres autour de nous. On veut que les gens nous aiment et approuvent ce qu'on fait. Je crois que ce serait vite devenu mon obsession.

Bref, tout ça pour vous dire que d'avoir un *feed* Instagram de rêve, ce n'est pas le seul #GOALS à rechercher dans la vie. Ne comparez pas votre réalité à une autre qui est peut-être passa-blement arrangée. Vous avez VOTRE vie. Faites des choses que vous aimez, des activités tri-pantes, passez du temps avec vos amis... et ce n'est pas obligatoire de publier une photo pour dire que vous avez passé du bon temps ! Faites-le pour vous. Votre vie va être pas mal #GOALS ! Non, je blague, on arrête avec cette expres-sion ! Haha ! ☺

parfaite comme tu es !

LA RÉALITÉ DERRIÈRE LES FILTRES

Je ne pense pas que les gens « populaires » sur les réseaux sociaux nagent nécessairement dans le bonheur. Il faut faire la part des choses entre ce qu'on voit sur notre écran et l'envers du décor. Tout le monde a une vraie vie derrière son *feed* parfait et ses 36 filtres. On ne peut pas se fier au compte Instagram de quelqu'un pour évaluer comment la personne est vraiment, ce qu'elle ressent. C'est facile de ne montrer que le bon côté des choses. Il suffit de passer sous silence ses problèmes et de ne mettre que des photos qui mettent notre vie, notre couple, nos amis, nos *selfies* et nos activités en valeur.

Ça fait maintenant trois ans que je fais des vidéos sur YouTube et il y a des moments où j'allais moins bien, comme tout le monde. Que ce soit des peines d'amour, des difficultés à l'école, un manque de confiance en soi, ça arrive ! C'est très rare que j'en parle, parce que je préfère garder ça pour moi, n'en parler qu'à ma famille ou à mes amis. C'est difficile de divulguer ses peines sur les réseaux sociaux. Une journée où je vais moins bien, je préfère ne rien publier et prendre du temps pour moi.

Ça fait tellement plaisir de recevoir des commentaires et des *thumbs up* lorsque je travaille fort en tant que YouTubeuse, ou même juste sur une photo de mon quotidien. Je ne sais pas ce que je ferais sans votre soutien ! Mais je l'ai dit ailleurs dans le livre, j'ai aussi compris en devenant YouTubeuse qu'on n'est pas heureux parce qu'on a beaucoup de *likes*. Pourtant, c'est l'impression qu'on peut avoir en naviguant sur Instagram. Personnellement, les comptes populaires que je regarde au quotidien ne partagent que du positif, se montrent sous leur meilleur angle... C'est pour ça qu'il faut être conscient que tout est toujours plus beau sur Instagram. Ce n'est pas la vraie vie, c'est seulement la meilleure version ou même, parfois, des mensonges !

L'envers du décor est bel et bien réel et il faut faire SUPER attention à ça en tant qu'abonné. Aussi, il existe maintenant beaucoup d'applications dans la même lignée que Photoshop, mais exclusivement pour le physique et faciles à utiliser... Effacer deux ou trois boutons, c'est bien correct, ça ne change pas votre tête (et surtout, vous n'aviez pas demandé à ce qu'ils soient présents cette journée-là!). Haha! Ce qui me fait capoter, c'est de voir des applications qui proposent de grossir les fesses, d'amincir la taille, d'allonger les jambes... c'est CERTAIN qu'il y a quelques années, j'aurais été la première à utiliser ces fonctions. Mais plus je vieillis, plus je réalise qu'il n'y a rien d'acceptable là-dedans. Je me demande bien ce qu'avaient en tête les compagnies qui ont créé ces applications. À quoi bon mettre une photo qui ne nous ressemble même plus? Ça n'arrange en rien notre confiance en soi et ça risque d'intimider les gens qui regarderont la photo et se demanderont pourquoi ils ne sont pas aussi *HOT*! C'est un cercle vicieux. Apprendre à s'aimer, c'est important! C'est ce qui va nous rendre plus heureux. Rajouter 40 filtres sur notre *selfie*, ça ne fait que déplacer le problème.

TRUCS POUR UN INSTAGRAM DE PRO, SANS EN FAIRE TROP !

Honnêtement, Instagram, je trouve ça vraiment *cool*. J'ai toujours aimé faire des photos, que ce soit avec mon iPhone ou avec ma vraie caméra. J'aime en prendre beaucoup durant une journée où je sors de chez moi. J'aime aussi choisir mes filtres, modifier les photos pour qu'elles soient vraiment réussies, trouver ce qui va le mieux avec mon « thème ». Ça fait souvent rire mes amis parce que ça peut avoir l'air niaiseux, dit comme ça. Mais pour vrai, j'adore ça ! Je pense qu'il n'y a pas de mal à mettre des belles photos sur Instagram.

Comme je le disais dans les pages précédentes, le danger, c'est de ne pas faire la différence entre la réalité et ce qu'on voit. Je vais vous donner un indice pour apprendre à distinguer le vrai du faux : c'est toujours plus beau avec un filtre ! Haha ! Je crois aussi qu'il faut essayer de rester le plus authentique possible. Publier une photo de votre tenue que vous trouvez spécialement jolie aujourd'hui, et rajouter un filtre parce qu'elle vous semble plus *cute* comme ça, c'est tellement OK ! Mais poster un *selfie* de vous en camouflant toutes vos imperfections, puis écrire « Moi, au naturel », ce n'est pas être authentique.

C'est VRAIMENT le fun de partager ce qu'on aime dans notre vie si on sait rester sincère, sans en faire trop ! J'ai déjà fait une vidéo pour vous expliquer comment je modifie mes photos, et vous l'avez vraiment aimée ! Évidemment, c'est à prendre à la légère, moi-même je me trouve parfois niaiseuse de mettre autant d'efforts sur mes photos. HAHA ! Mais pour ceux qui, comme moi, adorent les filtres, les thèmes et compagnie, voici quelques-uns de mes trucs pour un Instagram de PRO. Bon *photoshoot* ! ;)

❀ Je me promène avec mon appareil photo quand je sors avec mes amies. Je prends plein de photos, ça me fait des souvenirs et je choisis les meilleures pour mon Insta. :)

- Mes deux filtres préférés, attention... Clarendon et Valencina, mais ça dépend de la photo !

- Je vais faire des photos avec une amie qui prend de belles photos, j'ai l'air d'avoir une photographe pro qui me suit PARTOUT, haha !

- J'emprunte des vêtements à mes amies pour varier mes tenues dans mes photos, hehe ! ;)

- Je prends des photos de chats... Ce sont les MEILLEURES !

- Je m'inspire en regardant d'autres comptes (les YouTubeurs ont toujours de beaux profils Instagram).

- Je suis toujours sur Pinterest, Tumblr et toutes sortes d'applications remplies de belles photos. Quand on commence à faire ça, on ne peut plus s'arrêter ! Vous êtes avertis.

- Je regarde les *tags* « Ce qu'il y a dans mon téléphone » sur YouTube ! Je vous le promets, vous allez découvrir les meilleures applications pour faire des super photos ! :)

VOICI UN EXEMPLE DE *SELFIE* INSTAGRAM PARFAIT COMPARÉ À UNE PHOTO DE LA RÉALITÉ

version instagram ♡

version ♡ naturelle

APPRENDRE À LÂCHER SON TÉLÉPHONE

Une mauvaise habitude que j'ai dans la vie, et vous ne serez pas étonnés, c'est de passer mon temps sur mon téléphone. Pour vrai, quand il manque de batterie, je ne me sens pas bien, HAHA! OK j'exagère mais, depuis que je fais des vidéos sur YouTube, on me reproche souvent d'être un peu trop sur mon iPhone, et pas assez dans la vraie vie. Je ne sais même plus combien de fois ça m'est arrivé de marcher dans la rue et de foncer dans quelqu'un parce que j'avais les yeux sur mon téléphone, ou de manquer ma station de métro. HAHA! Ça m'arrive tout le temps!

Je me sauve en disant que c'est à cause de mon « travail » de YouTubeuse, même si la plupart du temps, je suis clairement sur Instagram. Mais quand même, j'ai souvent un courriel à lire, quelque chose à envoyer, des notifications à gérer. Des fois, j'ai du mal à comprendre que je dois poser mon téléphone et faire autre chose!

J'ai l'impression que dès qu'on fait une activité vraiment le fun, on a tout de suite envie de la partager sur Snapchat, Instagram, etc. Pour vrai, je suis coupable, je le fais TOUT le temps! Quand je suis avec mes amies qui sont comme moi, je ne le remarque pas vraiment. On prend nos photos, nos Snap, on répond à nos messages même si on est ensemble. C'est dans nos habitudes. Je remarque à quel point je passe du temps les yeux rivés sur un écran quand je suis avec mes parents ou avec des gens qui utilisent vraiment moins leur téléphone. Je sens que je gâche un peu le moment si je m'arrête pour faire une *story* Snapchat. HAHA! Mais comme je le disais un peu avant, avoir un beau *feed* Instagram ou une histoire super palpitante, il n'y a rien de mal à ça (je le fais toujours *anyway,* haha!), mais ça ne rend pas heureux. C'est bien de lâcher son téléphone des fois, et pas parce qu'il projette des mauvaises ondes comme on entend souvent, haha! C'est plutôt essentiel pour profiter du moment et du temps qu'on a avec les personnes qui nous entourent. Quand je fais quelque chose avec des amies que je n'ai pas vues depuis longtemps, je me surprends

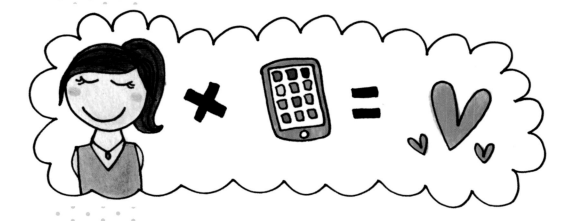

souvent à répondre aux messages sur mon téléphone, qui proviennent d'autres personnes qui sont dans ma vie. Je me suis dit que j'allais changer ça. Je dois passer beaucoup de temps sur mon téléphone dans la journée, parce que c'est mon travail. Je reçois des *mails*, des appels, des messages urgents. Je m'occupe de ça quand je suis seule, et si le soir je décide de sortir avec mes amies, je laisse mon iPhone dans mon sac, parce que je sais que je ne recevrai rien d'urgent avant le lendemain matin. Les autres messages peuvent attendre à plus tard.

J'aime aussi vraiment éditer mes photos Instagram, mais j'essaye aussi de le faire quand je suis toute seule, juste parce que ça peut me prendre un temps INFINI, haha ! Je prends mes photos quand je fais des activités, mais dès que j'ai fini mon mini-*photoshoot* (lol), je range mon téléphone pour regarder les photos plus tard. Si je passe une fin de semaine chez mes parents, j'en profite souvent pour me relaxer, donc je me force à moins regarder mon téléphone aussi ! Ça fait vraiment du bien de temps en temps. ☺

FAQ

?

LA MOITIÉ DES COMMENTAIRES QUI REVIENNENT SOUS MES VIDÉOS SONT DES QUESTIONS.

J'aimerais répondre à chacune d'entre elles, mais c'est presque impossible. C'est pour cette raison que je vous réserve parfois des vidéos FAQ (foire aux questions). Même si j'en ai fait plein, il y a quand même toujours plus de questions qui surgissent dans les commentaires, peu importe le nombre de vidéos FAQ que j'ai mises en ligne. Je trouve ça *cool* parce que ça démontre votre intérêt. La curiosité, c'est un signe d'intelligence, ça prouve que mes abonnés ont une tête sur les épaules ! ;)

J'ai eu l'idée de reprendre le concept de FAQ dans ce chapitre pour répondre à d'autres questions et vous donner encore plus de conseils et d'informations. Je me suis promenée sur YouTube, Facebook, Twitter, Instagram, etc., pour dresser une liste de toutes vos interrogations auxquelles je n'ai pas encore répondu.

J'ai choisi quatre thèmes pour répondre aux questions : confiance en soi, beauté, amour et bien sûr YouTube ! J'ai aussi répondu à un petit questionnaire en rafale et rempli un mini-jeu *game* pas *game*. C'était vraiment *cool* !

Voici mes réponses à vos questions ! Continuez quand même à m'en écrire dans les commentaires pour ma prochaine vidéo FAQ, hihi !

· · · · · ·

« LA CURIOSITÉ, C'EST UN SIGNE D'INTELLIGENCE, ÇA PROUVE QUE MES ABONNÉS ONT UNE TÊTE SUR LES ÉPAULES! ;) »

LA CONFIANCE EN SOI

QU'EST-CE QUI TE DONNE CONFIANCE EN TOI AU QUOTIDIEN ?

Mes jeans préférés, un rouge à lèvres super *flash* et un *good hair day* ! Non, pour vrai, ça aide d'être en beauté, mais même si tu portes tes plus beaux vêtements, tu peux quand même te sentir moche si tu n'es pas bien avec toi-même ! Je me sens bien quand je suis reposée et en contrôle de mon horaire de la journée, genre quand tout se passe comme prévu ! ;)

QU'EST-CE QUI FAIT QUE TU ES TOI ? QU'EST-CE QUI TE REPRÉSENTE ?

Je suis quelqu'un qui aime voir ses amis et sa famille souvent. C'est aussi important pour moi d'être créative à travers mes vidéos, des photos, des dessins... J'aime Mitaine, écouter du Selena Gomez et manger de la pizza. J'aime aussi magasiner, assister à des concerts, danser et chanter (crier), rire et rencontrer de nouvelles personnes, mais aussi être toute seule de temps en temps... Je pourrais continuer longtemps mais je suis certaine que c'est plein de choses que vous savez déjà, hihi ! ☺

QU'EST-CE QUI TE FAIT PERDRE TA CONFIANCE EN TOI ?

Quand je suis entourée de trop de monde que je ne connais pas en même temps, dans les événements plus professionnels par exemple. Ça me fait perdre mes repères. Être trop loin de ma zone de confort me fait capoter. Même si je sais que c'est essentiel dans la vie, ça me fait peur. Sinon, quand je dors mal ou que je mange mal, que je ne suis pas dans mon assiette, je ne suis vraiment pas aussi confiante que d'habitude.

EST-CE QUE ÇA AFFECTE TON HUMEUR QUAND TU SAIS QUE TON *LOOK* N'EST PAS *ON POINT* ?

Je ne vais pas vous mentir, oui, ça m'affecte. Je suis beaucoup plus confiante quand j'ai pris du temps pour me préparer le matin, mais j'essaie d'y penser le moins possible parce que c'est en faisant des petits pas comme ça qu'on apprend à s'aimer de plus en plus au naturel. Et de toute façon, on n'a pas toujours le temps de se préparer tous les matins... Il y a des jours où je préfère dormir plus longtemps !

QU'EST-CE QUE TU ME CONSEILLES DE FAIRE QUAND JE MANQUE D'ASSURANCE ?

Il y a beaucoup de choses qui m'ont aidée, comme trouver des nouveaux *hobbys,* essayer de nouvelles activités, s'entourer des bonnes personnes, être agréable avec les autres... Je vous le répète, être une personne gentille qui encourage les autres, ça aide à se sentir mieux dans sa peau.

LA BEAUTÉ

EST-CE QUE TU TROUVES QU'ON ACCORDE TROP D'IMPORTANCE À LA BEAUTÉ ?

Vous le savez, j'adore le maquillage et la mode, alors ce serait hypocrite de dire que je n'accorde pas d'importance à mon apparence. Mais même si j'aime me pomponner, je pense qu'il y a aussi plein d'autres choses importantes dans la vie. Quand je rencontre quelqu'un, j'essaie de ne pas me fier uniquement à son apparence parce que je pense qu'être sympathique, drôle et aimable nous rend beaux à l'intérieur et que c'est ce qui fait toute la différence. L'inverse est tout aussi vrai : une belle personne qui n'a pas une belle personnalité, ce n'est tellement pas attirant ! Je pense qu'il ne faut pas trop s'attarder sur le physique, de toute façon, on change tellement vite dans la vie !

COMBIEN DE TEMPS EST-CE QUE ÇA TE PREND POUR TE PRÉPARER LE MATIN ?

Il y a des journées où je préfère dormir plus longtemps : je sors de mon lit, je m'habille, je me brosse les dents et je sors en attrapant un déjeuner dans un resto près de chez moi. Mais il y a des jours où j'ai beaucoup plus d'énergie et de motivation pour essayer de nouvelles coiffures, de nouveaux types de maquillage, et où je vais sur Pinterest pour m'inspirer pour ma tenue du jour... Là, ça me prend vraiment beaucoup de temps. Une heure minimum ! Bref, ça dépend de mon humeur.

Q SI ON TE DONNAIT UN BUDGET TRÈS LIMITÉ POUR ACHETER LES PRODUITS DE BEAUTÉ QUI TE SERVIRONT POUR LE RESTE DE TA VIE, LESQUELS CHOISIRAIS-TU ?

R Une crème hydratante parce que j'en utilise TOUS les matins. Une pince à épiler, parce que mes sourcils sont juste *CRAZY* ! Et un fond de teint pour cacher les deux ou trois boutons qui surgissent de temps en temps.

Q QU'EST-CE QUE TU PENSES DE LA CHIRURGIE ESTHÉTIQUE ?

R Je pense que chacun est libre de décider ce qu'il fait de son corps. Après tout, il n'y a personne de mieux placé que soi-même pour savoir ce qui est bon pour soi. Je ne crois pas que c'est un manque de confiance en soi. Ce sont souvent des décisions mûrement réfléchies, et personne ne devrait juger les choix de quelqu'un d'autre. Personnellement, j'ai peur d'aller chez le dentiste, alors je ne m'imagine pas du tout avoir recours à de la chirurgie esthétique. La peur prendrait le dessus !

Q EST-CE QUE TU DÉPENSES PLUS EN MAQUILLAGE DEPUIS QUE TU REGARDES DES TUTORIELS DE BEAUTÉ SUR YOUTUBE ?

R Absolument ! On dirait que chaque fois qu'une YouTubeuse vante un produit, ça crée un nouveau besoin. Ce n'est plus juste un produit qu'il me ferait plaisir d'avoir, ça devient un besoin vital ! YouTube fait mal à mon portefeuille... OUCH !

L'AMOUR

QU'EST-CE QUE TU FAIS QUAND TU AS UN *CRUSH* SUR QUELQU'UN ?

Rien (lol). Je le regarde de loin, je *stalke* ses réseaux sociaux et j'attends qu'il fasse les premiers pas. S'il ne se décide pas à venir vers moi, il n'y aura aucune histoire possible parce que je suis trop gênée. Oups.

COMBIEN DE PREMIÈRES *DATES* AS-TU EUES DANS TA VIE ?

Ouf ! Vraiment pas beaucoup. C'est presque gênant.

QU'EST-CE QUE TU PORTERAIS POUR UN PREMIER RENDEZ-VOUS ?

Mes Converse, une jupe et un *top* de chez Brandy Melville... bref, pas mal ce que je porte tous les jours !

QU'EST-CE QUI T'ATTIRE CHEZ UN GARS ?

Qu'il essaie de me faire rire, même si ses blagues sont nulles... L'effort me suffit ! Qu'il soit un minimum intelligent, haha ! Et évidemment, il faut qu'il comprenne l'univers de YouTube et soit conscient que je ne lâcherai pas mon Instagram deux secondes. OK, j'exagère, mais pas tant que ça ! ;)

QU'EST-CE QUE TU TROUVES *TURN OFF* ?

C'est un peu superficiel, mais je ne peux pas m'empêcher d'en parler... Je ne suis vraiment pas attirée par les gars qui s'habillent mal. Chemise à carreaux avec des shorts lignés et des bas dans les sandales... Non, merci ! Plus sérieusement, les gars machos et égoïstes... *Bye, bye* !

YOUTUBE

QUELLE EST TA VIDÉO PRÉFÉRÉE SUR TA CHAÎNE ?

C'est vraiment difficile à dire parce qu'il y en a beaucoup que j'aime bien et que j'ai eu du plaisir à faire, mais je pense que mes préférées resteront toujours mes vidéos de DIY ! #DIYlife

QU'EST-CE QUI FAIT QUE TU T'ABONNES À UNE CHAÎNE YOUTUBE ?

C'est souvent quand les gens sont eux-mêmes que leurs qualités ressortent. J'adore les YouTubeurs qui sont naturels et authentiques. J'ai l'impression d'écouter parler un ami.

QU'EST-CE QUE TU AIMES DE TON MÉTIER ?

TOUT. Mais plus spécialement la proximité avec mes abonnés. Aussi, le fait de tout décider moi-même. Il n'y a aucune chance qu'une maquilleuse ou une coiffeuse vienne me pomponner... ou que quelqu'un décide de faire le montage à ma place. C'est moi qui fais tout de A à Z et j'adore ça ! Je suis trop tête de cochon pour travailler en équipe ! Haha !

QU'EST-CE QUE TU N'AIMES PAS DU MÉTIER DE YOUTUBEUSE ?

Tout le monde peut regarder mes vidéos, ce qui fait que vous êtes plusieurs à habiter très loin de chez moi. Ce qui me fait de la peine, c'est de ne pas pouvoir tous vous rencontrer. J'aimerais faire le tour du monde pour aller vous donner des câlins, où que vous soyez, mais ce n'est pas possible, en tout cas pas maintenant ! ☹

EST-CE QUE TU AS DÉJÀ VOULU FAIRE AUTRE CHOSE ?

Quand on est YouTubeuse, on est souvent amenée à réaliser d'autres projets dans des sphères différentes. Le meilleur exemple, c'est ce livre que je m'apprête à publier. J'apprécie d'avoir plein de projets différents, mais tant que j'aimerai tourner des vidéos, YouTube restera mon occupation principale. Ça ne m'empêchera pas d'accepter des projets qui me font sortir de ma zone de confort et qui m'apprennent ce que c'est de travailler dans d'autres domaines.

VOS QUESTIONS EN RAFALE

⭐ **QUELLE EST TA COULEUR PRÉFÉRÉE ?**
Le rose (duh !).

⭐ **QUI EST TON IDOLE ?**
Jennifer Lawrence.

⭐ **QUEL GENRE DE VIDÉOS PRÉFÈRES-TU REGARDER SUR YOUTUBE ?**
Je n'en ai pas une en particulier, mais j'aime beaucoup regarder des vidéos de chats… Ça me fait vraiment rire !

⭐ **SI TU ÉTAIS UN PERSONNAGE DE LIVRE, TU SERAIS… ?**
Tris de *Divergence*.

⭐ **COMBIEN DE TEXTOS ENVOIES-TU PAR JOUR ?**
Je préfère ne pas compter… mais probablement une centaine (ishhh).

⭐ **DE QUOI AVAIT L'AIR TON CASIER À L'ÉCOLE ?**
Très, très mal rangé. Des fois, je trouvais des vieux lunchs qui traînaient au fond et on ne pouvait même plus reconnaître ce que c'était à l'origine. Je n'osais jamais les ouvrir, donc je jetais le plat au complet. Désolée maman !

⭐ **SI TU ÉTAIS UN ANIMAL, TU SERAIS… ?**
J'aime manger et dormir, donc je serais sans doute un chat (c'était tellement prévisible…).

⭐ **EST-CE QUE TU AIMES LES FILMS D'HORREUR ?**
Oui, mais chaque fois que j'en regarde un, je me demande pourquoi je me suis infligé ça.

⭐ **COMBIEN DE TATOUAGES AS-TU ?**
Aucun. Je suis trop moumoune !

⭐ **TON HEURE PRÉFÉRÉE DANS LA JOURNÉE ?**
Quinze heures, parce que c'est une bonne heure pour faire une sieste, mais j'aime aussi le matin parce que le déjeuner est mon repas favori.

⭐ **TA JOURNÉE PRÉFÉRÉE DE LA SEMAINE ?**
Vendredi, parce que c'est la journée où je me donne le droit de ne pas travailler et de faire des activités entre amis.

⭐ **CE QUI TE FAIT RIRE À TOUS LES COUPS ?**
Mitaine qui court à fond dans l'appartement pour aucune raison, envoyer des *GIFS,* voir quelqu'un tomber… surtout quand c'est une de mes amies.

⭐ **QU'EST-CE QU'ON TROUVE EN TOUT TEMPS DANS TON GARDE-MANGER ?**
Du Nutella.

⭐ **EST-CE QUE TU AS UNE PHOBIE ?**
Les araignées (surtout depuis que j'habite toute seule, parce qu'il n'y a personne pour m'aider à les tuer… J'ai dû en tuer quelques-unes moi-même. Ces moments demeurent parmi les plus éprouvants de ma vie, hihi !).

⭐ **EST-CE QUE TU PLEURES DEVANT LES FILMS ?**
Oui, tellement ! Je suis vraiment sensible.

⭐ **EST-CE QUE TES SOUS-VÊTEMENTS SONT ASSORTIS ?**
Jamais. Je ne suis vraiment pas assez organisée pour ça. Il y a toujours quelque chose dans le panier de linge sale au mauvais moment.

⭐ **SI TU FAISAIS CARRIÈRE DANS UN SPORT, CE SERAIT LEQUEL ?**
Le *shopping.* C'est le seul dans lequel j'excelle !

⭐ **LE MOT QUE TU UTILISES LE PLUS DANS UNE JOURNÉE ?**
Probablement « Mit ».

⭐ **TON EXPRESSION PRÉFÉRÉE ?**
Let's go to the video. ;)

⭐ **LA PREMIÈRE APPLICATION QUE TU OUVRES EN PRENANT TON TÉLÉPHONE ?**
Instagram.

⭐ **C'EST QUOI, TON IMAGE DE FOND D'ÉCRAN ?**
Une photo de moi avec mon amie Delphine, que vous connaissez bien maintenant, car vous l'avez vue plusieurs fois dans ce livre.

⭐ **QUELLE EST LA CÉLÉBRITÉ QUE TU RÊVES DE RENCONTRER ?**
Je rêvais de rencontrer Selena Gomez et ça s'est réalisé. *Next* = Beyoncé (pour pouvoir lui faire un câlin et cocher la case page 112).

⭐ **QUEL EST TON PLUS GRAND SECRET ?**
Si je vous le dévoile, ce ne sera plus un secret… Non, pour vrai, je n'en ai pas vraiment ! Vous savez déjà tout de ma vie, haha !

GAME PAS GAME ?

→ **DE SORTIR DE CHEZ TOI SANS MAQUILLAGE…**

Tellement ! Il y a quelques années, je n'aurais jamais été capable, mais maintenant je me rends compte que… j'aime bien mon visage au naturel ! :)

→ **DE MANGER UN GROS BOL DE SPAGHETTI LORS D'UNE PREMIÈRE *DATE*…**

OH MY GOD, c'est tellement bon du spaghetti ! Mais je me connais, je suis vraiment maladroite, j'en mettrais partout sur moi, ce serait la honte. Pas *game* !

→ **DE FAIRE UN SAUT EN PARACHUTE…**

Vous savez que j'aime beaucoup les manèges, alors je serais 100 % *game* de faire un saut en parachute, mais je pense qu'au moment de sauter, je regretterais mon audace.

→ **DE CHASSER UN GROS INSECTE…**

Oui ! Depuis que j'habite seule, j'ai développé des habiletés pour les chasser. Même si je suis rendue pro, ça me fait encore peur.

→ **DE TE PASSER DE TON TÉLÉPHONE UNE JOURNÉE COMPLÈTE…**

J'aimerais dire oui, mais honnêtement, ce serait une vraie torture.

→ **DE REMETTRE QUELQU'UN QUI DIT QUELQUE CHOSE DE DÉPLACÉ À SA PLACE…**

Ouf. Ma voix tremblerait probablement un peu, mais avec le temps, je le fais de plus en plus. Surtout si c'est vraiment déplacé.

→ **DE SORTIR DANS LA RUE EN PYJAMA…**

Oui. Avec une de mes amies, on va souvent au McDo en pyjama tard le soir parce qu'on n'a pas le courage de remettre nos vêtements moins confortables. On n'est vraiment pas gênées, même s'il y a des petits motifs de Calinours sur nos pyjamas. S'il fait vraiment froid, on apporte même des couvertures.

→ **DE FAIRE UN POISSON D'AVRIL ET D'ANNONCER PUBLIQUEMENT QUE TU FERMES TA CHAÎNE YOUTUBE…**

OH MY GOD, non jamais ! Ça me ferait trop de peine de voir vos commentaires, alors je vous avouerais la vérité en deux secondes. Je vous aime trop pour ça !

AAAAH ÇA Y EST ! J'EN SUIS À LA CONCLUSION !

J'ai du mal à croire que j'ai écrit mon premier livre. Ces derniers mois ont passé tellement vite. C'était toute une aventure. Tout ce que j'avais en tête, c'était de faire un livre qui allait vous plaire, qui allait vous donner encore plus de conseils que dans mes vidéos, qui allait vous faire rire, vous réconforter, vous aider. C'est un peu devenu mon obsession, haha ! Je voulais faire quelque chose qui me ressemble à 100 %, mais qui vous ressemble aussi ! J'ai vraiment eu du fun à écrire mes textes, à faire des photos et des dessins en cachette pendant toutes ces semaines. C'était dur de ne pas vous en parler, d'autant plus que je me faisais plus discrète sur les réseaux sociaux puisque je réservais mon temps à ce projet, mais ça en a valu la peine. J'espère que vous vous êtes retrouvés dans mes réflexions et mes anecdotes, hehe ! Je pense que je ne le dirai jamais assez mais, sans vous, tout ça ne serait pas possible. J'ai du mal à réaliser que jour après jour, vous êtes encore là, et que vous êtes toujours partants pour m'entendre parler, que ce soit dans mes vidéos ou dans un livre, haha ! C'est grâce à votre présence que j'ai l'occasion de faire des projets aussi FOUS et j'en suis tellement reconnaissante ! Merci d'être intéressés par ce que j'ai à dire, par ma petite vie simple et par mes projets. Merci de continuer à me suivre dans mes aventures et de me soutenir dans tout ce que je fais. Ça compte beaucoup plus pour moi que vous pourriez l'imaginer. J'espère que vous avez aimé lire ce livre, je vous aime et on se revoit sur YouTube, haha ! ☺

REMERCIEMENTS

Papa et maman, j'ai un métier hors du commun et je suis fière d'avoir des parents qui m'encouragent dans mes choix et mes projets. Merci pour vos précieux conseils. Le fait que vous soyez aussi fiers de ce que j'entreprends compte beaucoup à mes yeux, ça me pousse à aller encore plus loin. Je vous aime.

Ma photographe, Valérie, merci d'avoir embarqué la seconde où je t'ai proposé de faire les photos du livre. Je n'imaginais pas quelqu'un d'autre le faire à ta place ! Je suis contente de travailler avec une photographe aussi talentueuse que toi, ces pages ne seraient pas les mêmes sans tous tes efforts.

Mon amie Delphine, sans être impliquée dans le projet, tu as quand même relu chaque version de chaque texte que je t'envoyais, en me faisant des comptes rendus de ce que tu en pensais. Tu as su être à l'écoute à des moments où moi-même je ne pouvais plus m'endurer. Merci d'avoir été là, de m'avoir conseillée et encouragée. Tu es une vraie amie !

Mes amies, Laurence et Sarah, qui n'ont pas hésité une seconde à faire le chemin entre Sherbrooke et Montréal pour m'aider avec les photos du livre. Oh ! et... pour m'avoir littéralement obligée à prendre une soirée *off* pour aller boire des mojitos ! Merci d'être d'aussi bonnes amies.

Mes agents, Gabrielle et Micho. Merci de comprendre mon univers et de toujours être aussi excités que moi, sinon plus, chaque fois que je commence un nouveau projet. Merci de me donner les meilleurs conseils, de toujours être à l'écoute et de croire en moi. Mon travail de YouTubeuse ne serait pas le même sans vous.

Merci aussi à Chloé Varin, Jennifer Tremblay, Joëlle Sévigny, Christine Hébert ainsi qu'à toute l'équipe des Éditions de l'Homme qui m'ont accompagnée dans ce processus. Écrire un livre, c'était toute une commande, et votre appui a fait une vraie différence !